Thomas Piketty

Natur, Kultur und Ungleichh

PIPER

Thomas Piketty

NATUR, KULTUR UND UNGLEICHHEIT

Eine historische und vergleichende Betrachtung

Aus dem Französischen von André Hansen
Mit 18 Grafiken und einer Tabelle

PIPER

Mehr über unsere Autorinnen, Autoren und Bücher:
www.piper.de

Die Abbildungen wurden mit freundlicher Genehmigung aus folgenden Werken übernommen:

Thomas Piketty: Eine kurze Geschichte der Ungleichheit
© Verlag C.H.Beck, München 2022
für die Abbildungen 5 bis 17 und Tabelle 1

Lucas Chancel, Thomas Piketty, Emmanuel Saez, Gabriel Zucman: Rapport sur les inégalités mondiales 2022
© Éditions du Seuil, 2022
für die Abbildungen 1 bis 4 und 18

Unser Versprechen für mehr Nachhaltigkeit
• Klimaneutrales Produkt
• FSC®-zertifiziertes Papier
• Hergestellt in Europa

FSC www.fsc.org MIX Papier | Fördert gute Waldnutzung FSC® C083411

Deutsche Erstausgabe
ISBN 978-3-492-32021-4
Oktober 2023
Die Originalausgabe erschien 2023 unter dem Titel *Nature, culture et inégalités* bei Société d'ethnologie, Nanterre

Published by arrangement with the Astier-Pécher Literary Agency
Satz: Satz für Satz, Wangen im Allgäu
Gesetzt aus der Baskerville
Litho: Lorenz & Zeller, Inning am Ammersee
Druck und Bindung: CPI book GmbH, Leck
Printed in the EU

Inhalt

Gibt es natürliche Ungleichheit? Der lange Marsch zur Gleichheit[1]

Ungleichheitsregime – und damit meine ich die Struktur, das Ausmaß und die Entwicklung der sozioökonomischen Ungleichheit in verschiedenen Gesellschaften – sind äußerst vielfältig. Um dieses Phänomen zu begreifen, müssen wir zunächst die Geschichte und Kultur der Menschheit verstehen. Ungleichheit hängt nämlich mit unterschiedlichsten sozioökonomischen, politischen, kulturellen, zivilisatorischen oder religiösen Entwicklungen zusammen. Die Vielfalt, das Ausmaß und die Struktur der zu beobachtenden sozialen Ungleichheit können erst durch Kultur im weiteren Sinne erklärt werden – und mehr noch vielleicht durch kollektive politische Bewegungen. Weniger ins Gewicht fallen hingegen die sogenannten »natürlichen« Faktoren wie individuelle Talente oder Bodenschätze.

Interessant ist in dieser Hinsicht das als besonders egalitär geltende Schweden: Manchen Stimmen zufolge ist die relative Gleichheit in diesem Land auf zeitlose Merkmale zurückzuführen, etwa auf eine Kultur, die »von Natur aus« einen Hang zur Gleichheit habe. In Wirklichkeit war Schweden lange ein für europäische Verhältnisse besonders ungleiches Land und organisierte diese Ungleichheit auch sehr gründlich politisch. Das änderte sich ab dem zweiten Drittel des 20. Jahrhunderts, nachdem eine politische und soziale Mobilisierung der Sozialdemokratischen Partei Anfang der 1930er-Jahre den Sieg bei der Reichstagswahl gebracht hatte. Die anschließend ein halbes Jahrhundert lang regierende Sozialdemokratische Partei richtete den schwedischen Staatsapparat auf eine ganz andere Politik aus.

Durch das schwedische Beispiel wird deutlich, wie falsch die Vorstellung einer langfristigen Determiniertheit ist, der zufolge durch natürliche oder gar kulturelle Faktoren bestimmte Gesellschaften immer schon egalitär seien, während andere, zum Beispiel Indien, auf ewig inegalitär seien. Soziale und politische Gebilde können sich ändern, manchmal viel schneller, als es sich zeitgenössische Beobachter vorstellen, insbesondere die Gewinner des Systems, die herrschenden Gruppen. Sie naturalisieren die Ungleichheit und stellen sie als dauerhaft dar, während sie zugleich vor jeglicher Veränderung warnen, die diese kostbare Harmonie gefährden könnte. Die Wirklichkeit ist aber stets im Fluss und wird ständig neu geschaffen: Sie entsteht durch Machtverhältnisse, institutionelle Kompromisse und nicht gänzlich vollzogene Kursänderungen.

Doch abgesehen von der großen Vielfalt an Ungleichheitsregimen ist in den letzten Jahrhunderten eine Grundtendenz zu beobachten, ein stetiger Trend zu mehr sozialer Gleichheit. Es handelt sich um eine historische Entwicklung, die jedoch nicht bereits im Neolithikum oder im Mittelalter einsetzt. Vielmehr beginnt diese spezifische historische Epoche im Jahr 1789 – oder, allgemeiner gesagt, im ausgehenden 18. Jahrhundert – und zeichnet sich durch eine kontinuierliche Entwicklung zu mehr politischer und sozioökonomischer Gleichheit aus.

Dieser begrenzte Marsch zur Gleichheit ist ein zögerlicher und chaotischer Prozess, der von gesellschaftlichen Auseinandersetzungen geprägt ist. Dabei kommen auch gewisse Formen des kollektiven Lernens ins Spiel. In *Kapital und Ideologie* (dt. 2020 [frz. 2019]) habe ich das kollektive Lernen gerechter Institutionen betont, vorwiegend anhand der Frage der Grenze: Wovon grenzt sich die Gemeinschaft ab, der man sich anschließt? Wie gestaltet sich die politische Macht, die politische Herrschaftsform, innerhalb dieser Gemeinschaft? Das gilt auch für das Eigentum: Welche gemeinsamen Regeln schränken die Eigentumsrechte ein? Was darf man besitzen? Was bedeutet es, Eigentümer zu sein?

Die beiden zentralen Fragen von Grenze und Eigentum sind der Schauplatz von Konflikten und Verschiebungen. Jedes Land will aus der eigenen Vergangenheit lernen und übersieht dabei oft die Erfahrungen der anderen. Jedes Land befindet sich in einem Lernprozess, der langfristig eher zu mehr Gleichheit führt, wenn auch nur zögerlich und unterbrochen von etlichen Rückschritten.

Angesichts der vielfältigen Ungleichheitsregime und des begrenzten Marschs zur Gleichheit darf aber eine andere Beziehung zwischen Natur, Kultur und Ungleichheit nicht vergessen werden – die Zerstörung der Natur und der biologischen Vielfalt, die Erderwärmung und die CO_2-Emissionen werde ich im letzten Abschnitt behandeln. In den kommenden Jahrzehnten wird diese Frage immer wichtiger werden. Vielleicht steigert sich dadurch das Gleichheitsbedürfnis noch mehr als in letzter Zeit: Ein Ausweg aus der Klimakrise, eine Versöhnung von Mensch und Natur ist erst dann möglich, wenn die Ungleichheit drastisch reduziert wird und sich ein neues Wirtschaftssystem etabliert, das sich radikal vom aktuellen Kapitalismus unterscheidet. Ich spreche von einem »partizipativen, demokratischen und ökologischen Sozialismus«, aber auch andere Wörter sind möglich – wir werden sie finden. Angesichts der genannten Herausforderungen halte ich es für zwingend, über Reformen des Wirtschaftssystems und dessen langfristige Entwicklung zu sprechen.

Entwicklung der Ungleichheit und der Ungleichheitsregime

Die Daten, die ich nun vorstellen werde, stammen zum Teil aus *Eine kurze Geschichte der Gleichheit* (2022 [2021]) und zum Teil aus der World Inequality Database, die dem *World Inequality Report 2022* zugrunde liegt. Diese Datenbank der globalen Ungleichheit ist das Ergebnis einer Teamarbeit und stützt sich auf die Forschungsergebnisse von mehr als hundert internationalen Forschern. Sie enthält historische Daten zur Entwicklung der Einkommens- und Vermögensverteilung über lange Zeiträume, manchmal mehr als drei Jahrhunderte.

Dieses Gebiet der Ungleichheitsforschung hat selbst eine sehr lange Geschichte. Ich knüpfe lediglich an viel ältere Arbeiten an. Zu nennen wären Fernand Braudel, Ernest Labrousse, Adeline Daumard, François Simiand, Christian Baudelot, Gilles Postel-Vinay und viele andere. Seit dem frühen 20. Jahrhundert sammeln französische Historiker, Soziologen und Wirtschaftswissenschaftler Daten über Löhne, Einkommen, Gewinne, Parzellen und Erbschaften. Glücklicherweise durfte ich mit meiner Arbeit beginnen, als der Erkenntnisgewinn aufgrund der Digitalisierung dieser Daten schon viel leichter war. Bei der Lektüre von Labrousse oder Daumard fällt übrigens auf, dass die Datenerfassung manuell erfolgte und oft die gesamte Arbeit ausmachte. Sie mussten die Erbschaftsdaten der französischen Archive in Paris und in der Provinz auf Karteikarten verzeichnen. Das war eine Menge Aufwand, der für nachfolgende Forscher leider nur wenig Brauchbares hinterließ. Die sogenannte »quantitative« Geschichtsschreibung verschwand zum Teil, weil die Organisation und Beschreibung der Datenerhebung einen Großteil der Energie des Forschers in Anspruch nahm, manchmal auf Kosten der eigentlichen Geschichte. Natürlich ist es heute viel einfacher, solche Erhebungen mit dem Ziel der Aggregation in einem vergleichsweise größeren Maßstab durchzuführen.

Während die ersten quantitativen Forschungsansätze ihren Schwerpunkt auf das 18. und 19. Jahrhundert gelegt hatten, wurde allmählich das 20. Jahrhundert in die langfristige Betrachtung einbezogen. Die Geschichte und insbesondere die Politik standen somit zwangsläufig im Mittelpunkt der Analyse. Wenn wir uns auf das 18. oder 19. Jahrhundert beschränkten, könnten wir unabhängig von politischen Entwicklungen starke Trends entdecken – meiner Meinung nach zu Unrecht. Im 20. Jahrhundert werden die Zusammenhänge anhand einer Kurve mit Löhnen, Einkommen und Vermögen im Zeitverlauf viel klarer: Erster Weltkrieg, Zweiter Weltkrieg, Befreiung vom Faschismus, Mai 68 … Dann müssen wir politische Geschichte betreiben. Anders können wir diese deutlich sichtbaren Brüche nicht erklären. Ich möchte klarstellen, dass ich mich hier auf die konstruktive und kollektive Dimension der politischen Geschichte beziehe. Entgegen so mancher Behauptung folgt Gleichheit nicht aus Kriegen oder Katastrophen wie der Großen Pest. Die Französische Revolution wurde durch Kriege sogar eher erstickt, und in vielen Ländern hatten der Erste und der Zweite Weltkrieg geringe Auswirkungen auf Fragen der Gleichheit. Es kommt vielmehr auf die entstehenden Institutionen und Möglichkeiten an. In Schweden, wo die beiden Weltkriege kaum ins Gewicht fielen, spielten politische und gewerkschaftliche Bewegungen eine wichtige Rolle. In den USA führte eher die Krise der 1930er-Jahre als der Erste Weltkrieg zu staatlichen Maßnahmen. Wie wir sehen werden, sind die wahren Kräfte des Wandels die soziale und politische Mobilisierung sowie die Fähigkeit, neue institutionelle Möglichkeiten zu schaffen.

Ich hatte also das Glück, meine Forschung im besagten intellektuellen Kontext zu beginnen: mit internationalen Forschungsnetzwerken, die unter anderem zur World Inequality Database beigetragen haben. So konnte ich den vergleichenden und historischen Fokus erweitern und sowohl die sehr große Vielfalt der Ungleichheitsregime als auch den begrenzten Marsch zur Gleichheit beobachten, von dem ich oben gesprochen habe. Um einen ersten Eindruck von der globalen Vielfalt der Ungleichheitsregime zu vermitteln, werde ich zunächst einige Ergebnisse vorstellen, und zwar anhand eines sehr simplen Kriteriums: der Einkommensverteilung. Anschließend werde ich auf die Vermögensverteilung eingehen. Diese beiden Begriffe müssen wir aber erst einmal voneinander abgrenzen. Einkommen ist das einem Individuum im Laufe eines Jahres zufließende Geld. Es umfasst Arbeitsentgelt und Einkommen aus Vermögensgegenständen (Mieten, Zinsen, Dividenden etc.). Vermögen ist das Eigentum einer Person (Immobilien, Geschäftsvermögen, Wertpapiere etc.). Es ist immer deutlich ungleicher verteilt als das Einkommen. Das Kapitaleigentum bestimmt auch die Machtverhältnisse: Für das Eigentum an Geschäftsvermögen und Produktionsmitteln gilt das unmittelbar, aber auch für das Eigentum an Wohnraum, dem Reproduktionsrahmen des Privat- und Familienlebens, sowie für das Eigentum am Staat durch Staatsanleihen, und zwar jeweils auf unterschiedliche Weise.

Einkommensungleichheit

Beginnen wir also mit dem Einkommen. Dafür gibt es einen relativ einfachen Indikator: das Verhältnis der höchsten 10 Prozent der Einkommen zum Gesamteinkommen. In einer vollkommen egalitären Gesellschaft sollten diese Einkommen 10 Prozent des Gesamteinkommens ausmachen, da sie 10 Prozent der Bevölkerung zur Verfügung stehen. In einer vollkommen inegalitären Gesellschaft würden diese reichsten 10 Prozent das gesamte Einkommen beanspruchen, sodass der Anteil am Gesamteinkommen 100 Prozent betragen müsste. Die Wirklichkeit liegt natürlich immer irgendwo dazwischen. In Abbildung 1 ist zu sehen, dass die niedrigsten Werte von 20 bis 30 Prozent in Nordeuropa und die mit bis zu 70 Prozent höchsten Werte in Südafrika zu finden sind. So entsteht ein erster Eindruck von der Spannbreite der globalen Ungleichheitsniveaus.

Wenn wir uns ansehen, welche Weltregionen eher von Ungleichheit oder Gleichheit geprägt sind, stellen wir einige Un-

Abbildung 1 **Anteil des Einkommens der oberen 10 Prozent im weltweiten Vergleich, 2021**

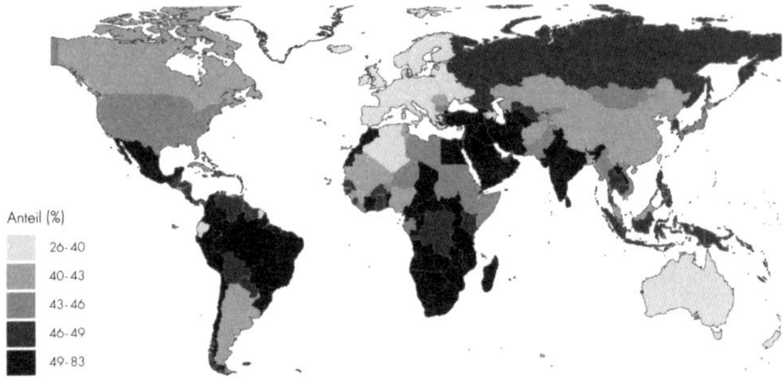

terschiede fest, manchmal sogar innerhalb einer Region: Argentinien ist weniger ungleich als Brasilien oder Chile, was mit der soziopolitischen Geschichte des Landes und der Etablierung eines Sozialstaats zusammenhängt, die unter Präsident Juan Perón konsequenter verfolgt wurde als in den Nachbarländern. Dennoch sind einige Regionen insgesamt stärker von Ungleichheit geprägt. In Südafrika sind die Spuren der Apartheid zu erkennen, und im südlichen Afrika insgesamt herrscht eine höhere Ungleichheit. In Lateinamerika liegen besonders ungleiche Eigentumsverhältnisse vor, die auf die spanische Kolonisation und die anschließenden politischen Regime zurückgehen. In Nordamerika sind besonders ethnische Ungleichheiten zu verzeichnen. Generell ist das koloniale Erbe in den Ungleichheitsstrukturen immer noch sehr präsent. In Regionen wie dem Nahen Osten geht die signifikante Ungleichheit jedoch nicht auf eine Vergangenheit ethnischer oder kolonialer Ungleichheit zurück, sondern auf eine moderne Gegebenheit, namentlich die Erdölprofite, die äußerst wenigen Personen eine hohe finanzielle Rendite beschert haben. Die aktuelle Weltkarte der Ungleichheit ist also eine Mischung aus Alt und Neu. Dabei sind jeweils unterschiedliche Logiken am Werk.

Vom unteren Ende aus betrachtet, ist dieser Indikator noch aussagekräftiger: Wie hoch ist der Anteil der ärmsten 50 Prozent am gesamten Einkommen einer Nation (Abb. 2)? Auch hier gilt es, die Größenordnungen im Auge zu behalten. Wenn wir eine vollkommen egalitäre Gesellschaft hätten, müssten die ärmsten 50 Prozent die Hälfte des Gesamteinkommens erhalten. Umgekehrt sollten sie nichts verdienen, wenn wir eine gänzlich ungleiche Gesellschaft hätten. Tatsächlich liegt der Wert in den Ländern mit der größten Ungleichheit (etwa Südafrika) bei 5 oder 6 Prozent und in den Ländern mit der größten Gleichheit (Nordeuropa) bei 20 oder 25 Prozent. Ein Wert von 50 Prozent wird nirgends erreicht. Wenn dieser Teil der Bevölkerung 25 Prozent des Gesamteinkommens erhält, entspricht das Durchschnittseinkommen der ärmsten 50 Prozent ungefähr der Hälfte des landesweiten Durchschnittseinkommens. Dann besteht zwar eine gewisse Ungleichheit, sie ist aber geringfügiger, als wenn der Wert 5 Prozent des Gesamteinkommens beträgt. In diesem Fall macht das Durchschnittseinkommen dieser Bevölkerungsgruppe ein Zehntel des nationalen Durchschnittseinkommens aus.

Auch hier sieht es im Einzelnen sehr unterschiedlich aus.

Abbildung 2 Anteil des Einkommens der unteren 50 Prozent im weltweiten Vergleich, 2021

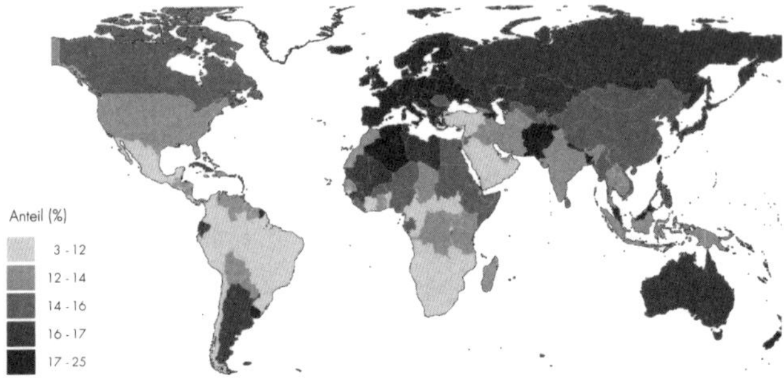

Wenn wir nur das Bruttoinlandsprodukt (BIP) oder das durchschnittliche Nationaleinkommen eines Landes betrachten, übersehen wir die realen Lebensbedingungen breiter Gesellschaftsschichten. Bei identischem Durchschnittseinkommen kann der Anteil des Einkommens der ärmsten 50 Prozent[2] je nach Einkommensverteilung, vereinfacht gesagt, um einen Faktor von bis zu 5 variieren: von 5 Prozent in Südafrika bis zu 25 Prozent in Schweden. Wer sich für die Armutsentwicklung interessiert, übersieht also bei bloßer Berücksichtigung des Durchschnittseinkommens sehr viel.

Diese vielfältige Ungleichheit ist nicht durch »natürliche« Faktoren zu erklären. Die Verteilung lässt sich nicht auf individuelle Talente, Begabungen oder Temperamente zurückführen – es wäre erstaunlich, wenn die Talente der Individuen in den Ländern so unterschiedlich verteilt wären. Auch die Bodenschätze liefern keine gute Erklärung – Erdöl gibt es im Nahen Osten und auch in Norwegen, doch die Einkommensverteilung ist eine völlig andere. Zu den erheblichen Unterschieden im Ausmaß der Ungleichheit tragen offenbar hauptsächlich die unterschiedlichen Institutionen bei, die sich die Gesellschaften gegeben haben und die ihrerseits durch eine unterschiedliche soziale, kulturelle, politische und ideologische Geschichte geprägt sind.

Vermögensungleichheit

Was ich zur Einkommensverteilung gesagt habe, gilt auch für die Vermögensverteilung, allerdings mit einer wichtigen Nuance: Die Verteilung von Eigentum – Immobilien, Wertpapieren und Geschäftsvermögen – ist immer viel stärker konzentriert als die Einkommensverteilung. Beim Einkommen erzielen die reichsten 10 Prozent zwischen 25 und 70 Prozent, wobei Schweden und Südafrika die Extreme darstellen. Beim Vermögen erreichen die reichsten 10 Prozent zwischen 60 und 90 Prozent. Und während der Anteil der ärmsten 50 Prozent am Einkommen zwischen 5 und 25 Prozent liegt, bleibt er beim Vermögen immer unter der 5-Prozent-Marke (Abb. 3).

Die ärmsten 50 Prozent der Bevölkerung haben nahezu kein Eigentum. In Europa und insbesondere in Frankreich gehören ihnen nur 4 Prozent des Gesamtvermögens. Das ist zwar besser als in Lateinamerika, wo die Zahl bei lediglich 2 Prozent liegt, aber dennoch sehr wenig für die Hälfte der Bevölkerung.

Abbildung 3 **Extreme Kapitalkonzentration: Vermögensungleichheit nach Weltregionen, 2021**

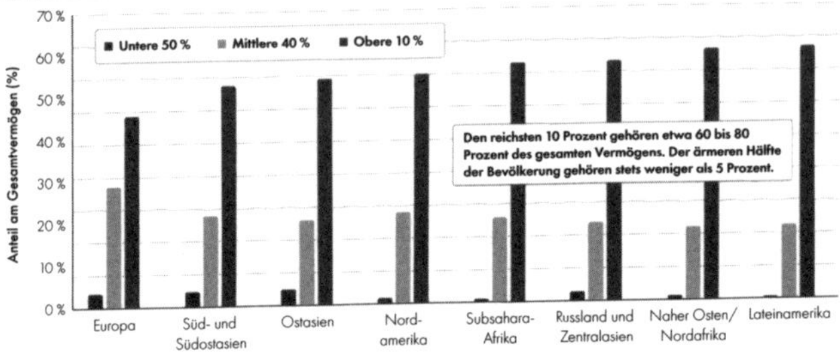

In Lateinamerika gehören den reichsten 10 Prozent 77 Prozent des gesamten Haushaltsvermögens, den ärmsten 50 Prozent gehört hingegen nur ein Prozent. Das Nettovermögen der Haushalte entspricht der Summe der Wertpapiervermögen (z. B. Aktien und Schuldverschreibungen) und anderer Vermögensgegenstände (z. B. Wohnimmobilien und Grundbesitz) natürlicher Personen, bereinigt um Schulden.
Quelle: wir2022.wid.world/methodology

Diese Daten müssen wir uns vor Augen führen. Beim Blick auf globale Ungleichheitsregime schwärmt man in Europa oft von den egalitären Verhältnissen unserer Breitengrade. Mit der Vermögensverteilung können wir die Dinge richtigstellen: Ja, es gab eine historische Entwicklung zu mehr Gleichheit, die in Europa deutlich stärker ausgeprägt war als in anderen Teilen der Welt, aber erstens geschah das nicht von allein – die Entwicklung wurde in politischen und sozialen Kämpfen erstritten –, und zweitens betrifft sie primär die Einkommensverteilung, die sich im vergangenen Jahrhundert tatsächlich ein wenig ausgeglichen hat. Die Vermögensverteilung hingegen hat sich nur geringfügig geändert. Vor einem Jahrhundert lag der Anteil der ärmsten 50 Prozent zum Beispiel in Frankreich bei 2 Prozent, wie heute in Lateinamerika. Mittlerweile liegt er bei 4 Prozent, was zwar ein Fortschritt ist, aber bloß ein geringfügiger, der nichts an den allgemeinen Zuständen ändert: Das Eigentum (Immobilien, Wertpapiere, Geschäftsvermögen) ist extrem konzentriert. Beim Geschäftsvermögen, den Produktionsmitteln, herrscht übrigens eine noch größere Konzentration. Der Anteil der oberen 10 Prozent beträgt hier 80, 90 oder mehr Prozent, der Anteil der unteren 50 Prozent ist praktisch gleich null. Das Gesellschaftssystem war stets durch eine extreme Konzentration der wirtschaftlichen Macht gekennzeichnet. Die Umverteilung von Eigentum wirkte sich vorrangig auf die Ungleichheit zwischen den reichsten 10 und den folgenden 40 Prozent aus, kam aber kaum bei der unteren Hälfte an.

Geschlechterungleichheit

Mit unserer Arbeit an der World Inequality Database entwickeln wir Methoden und erschließen Quellen, um Daten zu erhalten, die einen Vergleich verschiedener Weltregionen ermöglichen. Am Anfang stand die Einkommensungleichheit, dann folgte die Vermögensungleichheit. Nun haben wir auch einen recht einfachen Indikator für die geschlechtsspezifische Ungleichheit entwickelt: den Anteil des Einkommens von Frauen am gesamten Arbeitseinkommen (Gehalt, Einkommen aus selbstständiger Arbeit). Bei vollkommener Gleichheit müsste diese Zahl 50 Prozent betragen. Wenn die ermittelte Arbeitszeit auch die Hausarbeit umfasst, erledigen Frauen tatsächlich jedoch mehr als die Hälfte der Arbeit. Idealerweise sollte ihr Anteil am Gesamteinkommen daher mehr als 50 Prozent betragen. In der Praxis sind wir davon weit entfernt (Abb. 4). Es gibt aber auch Fortschritte: In Europa ist der Indikator in den vergangenen Jahrzehnten etwa von 30 auf 36 Prozent gestiegen, das heißt andererseits aber, Männer er-

Abbildung 4 **Anteil der Arbeitseinkommen von Frauen in verschiedenen Weltregionen, 1990–2020**

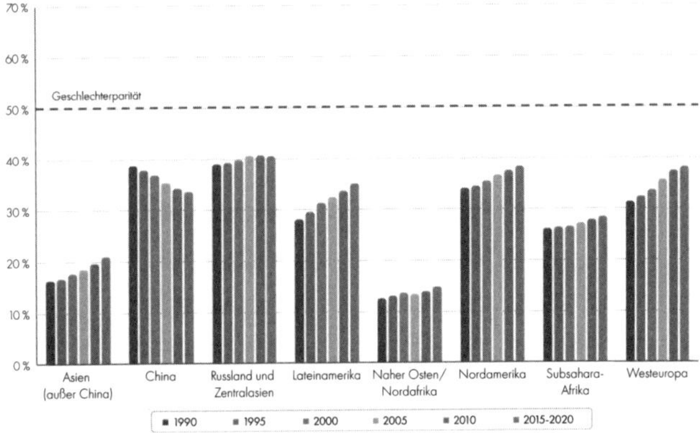

Von 1990 bis 2020 ist der Anteil der Arbeitseinkommen von Frauen in Nordamerika von 34 auf 38 Prozent gestiegen.
Quellen: wir2022.wid.world/methodology und Neef und Robilliard (2021)

halten trotzdem noch 64 Prozent. In anderen Ländern sind hingegen sogar Rückschritte zu verzeichnen: China hatte aufgrund seiner kommunistischen Vergangenheit etwas bessere Zahlen, in den letzten Jahrzehnten ging es aber in die andere Richtung, was vor allem auf die Explosion der sehr hohen Gehälter zurückzuführen ist, die in China wie auch anderswo eine Männerdomäne ist.

Der Indikator liefert eine genauere Vorstellung von der enormen Geschlechterungleichheit in der Wirtschaft, während andere Indikatoren die Realität eher beschönigen: Allzu oft begnügt man sich damit, die Gehaltsunterschiede an einem bestimmten Arbeitsplatz zu betrachten. Dabei geht es doch gerade darum, dass Männer und Frauen nicht Zugang zu den gleichen Stellen haben. Also schauen wir uns hier den tatsächlichen Anteil der Frauen am Gesamteinkommen an. Natürlich kommen dabei viele verschiedene Faktoren zusammen. Ungleichheit besteht an einem bestimmten Arbeitsplatz in der Größenordnung von 10 bis 20 Prozent. Hinzu kommen aber Unterschiede bei der zu erlangenden Stelle, der Teilzeitarbeit, der Besetzung der Spitzenpositionen oder bei Beförderungen.

In Frankreich liegt der Anteil der Frauen am Gesamteinkommen derzeit bei 35 Prozent, der Anteil der Männer also bei 65 Prozent. 1970 betrug der Frauenanteil 20 Prozent, befand sich also in etwa auf dem Niveau der heutigen Länder Südasiens und des Nahen Ostens. Damals waren Frauen fast vollständig vom Geldkreislauf und der Kaufkraft ausgeschlossen. Seither gab es einen Fortschritt, wir sollten ihn aber nicht überschätzen. Das ökonomische Patriarchat ist eng mit der Geschichte des Kapitalismus verknüpft, und der Ausstieg aus diesem System hat gerade erst begonnen. Dennoch ist es sehr auffällig, wie groß die Unterschiede zwischen den einzelnen Ländern und Regionen der Welt sind, was mit unterschiedlichen soziohistorischen und politischen Prozessen zu tun hat.

Ein kontrastreicher Marsch zur Gleichheit in Europa

Nun möchte ich auf die historische Entwicklung der Ungleichheit zu sprechen kommen. Zu Frankreich liegen besonders belastbare historische Daten zu den Einkommen und noch mehr zu den Vermögen vor, insbesondere zum Grundbesitz. Das liegt vorwiegend daran, dass im Rahmen der Französischen Revolution ein Erbschafts- und Vermögensregister eingeführt wurde, wodurch wir ab Ende des 18. Jahrhunderts über ungewöhnlich detaillierte Daten verfügen (Abb. 5 und 6).

Tatsächlich gab es in den letzten beiden Jahrhunderten, insbesondere im 20. Jahrhundert, eine Entwicklung zu mehr Einkommensgleichheit. Der Anteil der reichsten 10 Prozent sank von 50 auf 30 bis 35 Prozent, während der Anteil der ärmsten 50 Prozent von 10 oder 15 auf 20 bis 25 Prozent stieg. Diese Entwicklung muss aber relativiert werden. Der Anteil der ärmsten 50 Prozent ist nämlich immer noch deutlich geringer als der Anteil der reichsten 10 Prozent, obwohl er auf fünfmal so viele Menschen aufgeteilt wird.

Abbildung 5 **Einkommensverteilung in Frankreich, 1800–2020: Beginn einer langfristigen Tendenz zu mehr Gleichheit?**

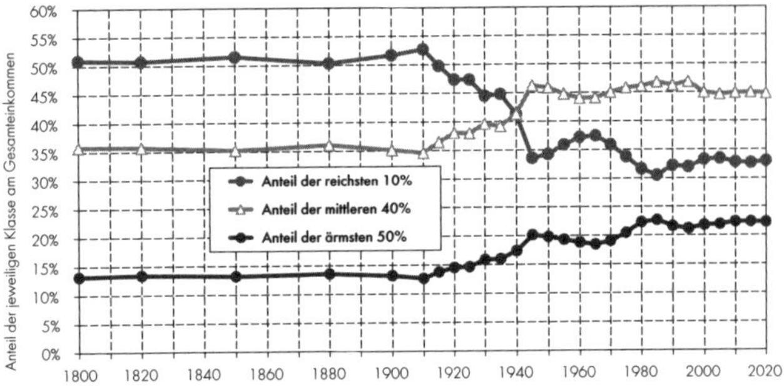

Der Anteil der reichsten 10% am Gesamteinkommen, einschließlich Arbeitseinkommen (Löhne, Einkünfte aus selbständiger Arbeit, Renten, Arbeitslosengeld) und Kapitaleinkommen (Gewinne, Dividenden, Zinsen, Mieten, Veräußerungsgewinne), lag in Frankreich von 1800 bis 1910 bei etwa 50%.
Die Dekonzentration der Einkommen beginnt nach den beiden Weltkriegen und kommt zugleich den «Unterschichten» (die niedrigsten 50 % der Einkommen) und der «Mittelschicht» (die mittleren 40%) zugute, zu Lasten der «Oberschicht» (die höchsten 10%).
Quellen und Reihen: Siehe piketty.pse.ens.fr/egalite

Bei der Eigentumsverteilung ist die Ungleichheit noch größer und der Marsch zur Gleichheit viel weniger weit fortgeschritten. Zwar ist der Anteil der reichsten 10 Prozent am Gesamteigentum von 80 oder 90 Prozent vor dem Ersten Weltkrieg auf heute 50 oder 60 Prozent gesunken, seit den 1980er-Jahren steigt er jedoch wieder an. Den langfristigen Rückgang sollten wir anerkennen, aber nicht überschätzen. Diese Senkung kam zudem primär den 40 Prozent zugute, die zwischen den reichsten 10 und den ärmsten 50 Prozent liegen. Die ärmsten 50 Prozent hingegen haben von der Umverteilung des Eigentums in den vergangenen zwei Jahrhunderten kaum profitiert.

Abbildung 6 **Eigentumsverteilung in Frankreich, 1780–2020: Die schwierige Geburt einer vermögenden Mittelschicht**

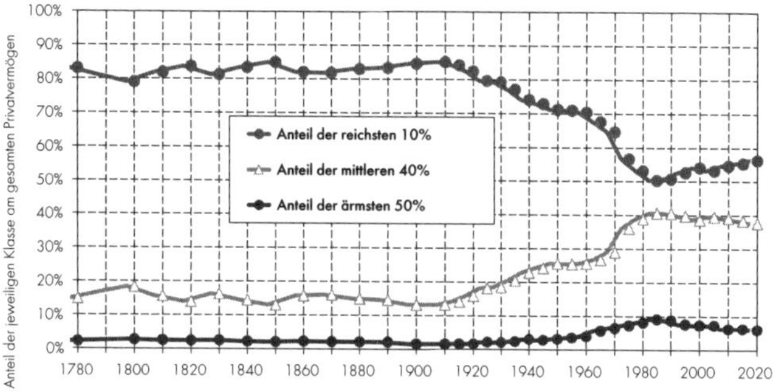

Der Anteil der reichsten 10% am gesamten Privateigentum (Immobilien-, Betriebs und Finanzvermögen, abzüglich Verbindlichkeiten) lag in Frankreich zwischen 1780 und 1910 bei 80 bis 90%.
Die Vermögensdekonzentration beginnt nach dem Ersten Weltkrieg und bricht zu Beginn der 1980er-Jahre ab. Sie kommt im Wesentlichen den «vermögenden Mittelschichten» zugute (den mittleren 40%), das heißt den Gruppierungen zwischen den «Unterschichten» (den ärmsten 50%) und der «Oberschicht» (den reichsten 10%).
Quellen und Reihen: Siehe piketty.pse.ens.fr/egalite

In West- und Nordeuropa (Deutschland, Großbritannien, Frankreich oder Schweden) sieht es überall ähnlich aus: Zwischen 1913 und 2020 wurde die Vermögenskonzentration etwas weniger extrem (Abb. 7 und 8). Verändert hat sich die Situation einzig durch das Aufkommen der von mir so bezeichneten *vermögenden Mittelschicht.* Diese 40 Prozent besaßen vor 1913 fast nichts und waren daher fast genauso arm wie die ärmsten 50 Prozent. Es gab keine Mittelschicht. Heute gehören dieser Gruppe 40 Prozent des Gesamtvermögens, was ihrem Anteil an der Bevölkerung entspricht: Ihr Vermögen liegt durchschnittlich bei rund 200 000 Euro pro Erwachsenem. Der Median beträgt etwa 100 000 Euro, die Vermögen kön-

Abbildung 7 **Die anhaltende Hyperkonzentration des Eigentums**

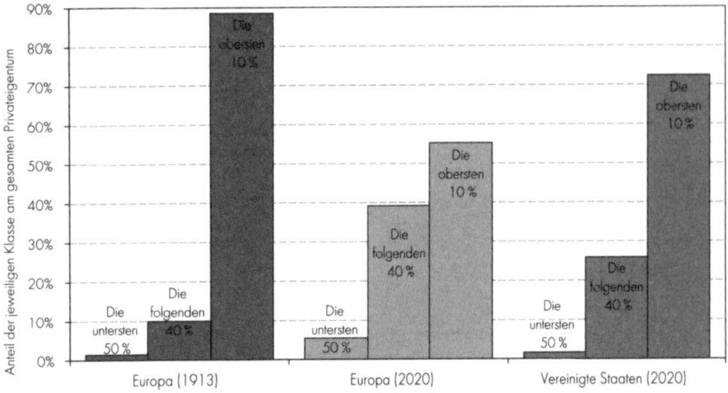

Der Anteil der reichsten 10% am gesamten Privateigentum belief sich in Europa (Durchschnitt aus Großbritannien-Frankreich-Schweden) im Jahr 1913 auf 89% (gegenüber 1% für die ärmsten 50%) und im Jahr 2020 auf 56% (gegenüber 6% für die ärmsten 50%), in den Vereinigten Staaten im Jahr 2020 auf 72% (gegenüber 2% für die ärmsten 50%).
Quellen und Reihen: Siehe piketty.pse.ens.fr/egalite

nen aber 100 000, 200 000, 300 000 oder 400 000 Euro wert sein. Diese Menschen sind zwar nicht unermesslich reich, aber auch nicht völlig arm. Sie wollen auch nicht als arm angesehen werden. Die Entstehung einer solchen Gruppe ist bemerkenswert, nicht nur wirtschaftlich, sondern auch politisch, selbst wenn die ärmsten 50 Prozent weiterhin praktisch kein Vermögen haben.

Europa ist also durch eine anhaltende Hyperkonzentration des Eigentums und den Aufstieg einer vermögenden Mittelschicht geprägt. Die USA liegen zwischen dem heutigen Europa und dem Europa vor dem Ersten Weltkrieg. Die vermögende Mittelschicht, die vor 30 oder 40 Jahren etwa auf dem europäischen Niveau lag, schrumpft und tendiert eher in Richtung des Niveaus vor dem Ersten Weltkrieg.

Abbildung 8 **Extreme Ungleichheit der Vermögensverteilung: Europäische Eigentumsgesellschaften in der Belle Époque (1880–1914)**

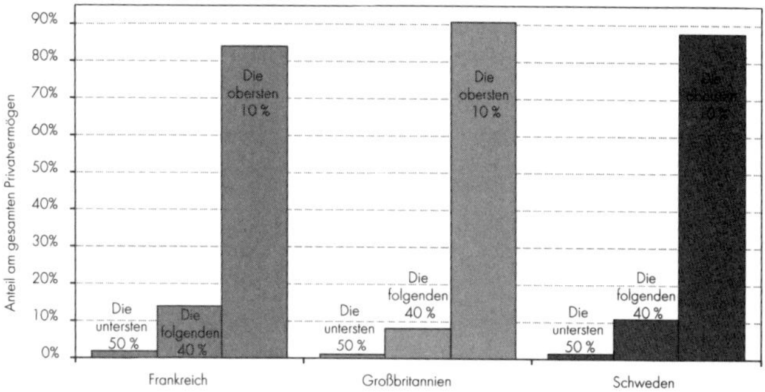

Der Anteil der 10% der größten Vermögen am gesamten Privateigentum (Immobilien-, Betriebs- und Finanzvermögen, abzüglich Schulden) lag zwischen 1880 und 1914 in Frankreich bei 84% (gegenüber 14% für die folgenden 40% und 2% für die ärmsten 50%), in Großbritannien bei 91% (gegenüber 8% und 1%) und in Schweden bei 88% (gegenüber 11% und 1%).
Quellen und Reihen: Siehe piketty.pse.ens.fr/egalite

Die Geschichte der europäischen Ungleichheit vor dem Ersten Weltkrieg ist generell sehr lehrreich. Im Vergleich zu heute handelt es sich um eine ergiebige Epoche, die meinen wissenschaftlichen Werdegang sehr geprägt hat. Zusammen mit meinen Kollegen und Freunden Gilles Postel-Vinay und Jean-Laurent Rosenthal habe ich herausgearbeitet, dass sich die Eigentumskonzentration in Frankreich vor 1914 nicht wesentlich von der britischen unterschied. Das ist deshalb interessant, weil in den politischen Reden der Dritten Republik (1870–1940) immer wieder der Vergleich mit Großbritannien gezogen wurde. Damals behaupteten die politischen, finanziellen und republikanischen Eliten der Mitte: »Wir sind ganz anders als Großbritannien. Wir sind ein egalitäres Land, wir hatten die Französische Revolution und müssen daher keine progressive Einkommen- oder Erbschaftsteuer einführen. In einem monarchischen Staat wie Großbritannien, der von Ungleichheit geprägt ist, oder in einem autoritären Staat wie Preußen mag das sinnvoll sein, aber wir haben die Freiheit und die Gleichheit erfunden, wir sind ein Land der Kleingrundbesitzer, wir haben den Boden aufgeteilt.« Nur wurde das Eigentum erstens kaum aufgeteilt, und zweitens war Grundbesitz im Jahr 1913 nicht mehr wirklich von Bedeutung. Die stärkere Konzentration von Grundbesitz in Großbritannien war tatsächlich zweitrangig. Die Staatsformen der Republik oder der Monarchie spielten zudem keine große Rolle, wenn es um die Akkumulation und Konzentration von Vermögen in weltweit investierten Wertpapierportfolios oder Industriekapital ging. Frankreich und Großbritannien waren etwa auf demselben Niveau. So konnte ich mit dem Abstand von einem Jahrhundert die Verlogenheit vieler Reden aufdecken, insbesondere der damaligen Wirtschaftswissenschaftler wie Paul Leroy-Beaulieu, die Frankreich beharrlich als eine Nation von Kleingrundbesitzern bezeichneten.

Schon damals kamen die erhobenen Daten übrigens langsam zum Einsatz, denn mit dem Gesetz von 1901 wurde die Erbschaftsteuer leicht progressiv ausgestaltet. So lässt sich feststellen, dass eine Änderung der institutionellen und fiskalischen Instrumente ein Wissen hervorbringt, das später nützlich sein kann. Der siebenfache Finanz- und kurzzeitige Premierminister Joseph Caillaux konnte sich etwa auf Erbschaftsstatistiken stützen, als er auf der Tribüne der Abgeordnetenkammer ausrief, dass Frankreich kein Land der Kleingrundbesitzer sei. Die Daten wurden auch zur Einführung der Einkommensteuer 1914 genutzt, obwohl sie dafür nicht so entscheidend waren wie die neuen Herausforderungen, mit denen sich das Land konfrontiert sah. Frankreich war fast das letzte westliche Land, das mit dem Gesetz vom 15. Juli 1914 eine solche Steuer einführte, doch die Mehrheit der Abgeordnetenkammer und des Senats stimmte nicht deshalb zu, weil sie in Schulen investieren wollte, sondern weil sie den Krieg gegen Deutschland finanzieren musste. Nur deswegen löste sich die Blockade des seit 1907 vorliegenden Gesetzesprojekts, während es in etlichen west- und nordeuropäischen Ländern wie Deutschland und Großbritannien, aber auch in Japan und den USA schon lange eine progressive Einkommensteuer gab. Frankreichs verspätete Entscheidung lässt sich zum Teil durch die egalitäre Selbstzufriedenheit infolge der Französischen Revolution erklären.

Das Beispiel Schweden

Ich möchte auf einen weiteren interessanten Fall eingehen: Schweden gilt heute oft als besonders egalitär, zu Beginn des letzten Jahrhunderts war das jedoch keineswegs so. Alle europäischen Länder waren extrem ungleich, und Schweden lag irgendwo zwischen Frankreich und Großbritannien. Allerdings hatte die Ungleichheit in Schweden eine besondere Struktur. In Frankreich und Großbritannien war das Kolonialreich entscheidend: Koloniale Besitztümer im Rest der Welt waren ein wesentlicher Bestandteil der größten Vermögen. In Schweden trug hingegen primär das politische System zur Ungleichheit bei.

Von 1865 bis 1910 galt dort ein überaus ausgeklügeltes Zensussystem. Im Vergleich zu anderen Ländern dauerte das Zensuswahlrecht besonders lange an, während die meisten Staaten, selbst Großbritannien, das Wahlrecht im Laufe des 19. Jahrhunderts erweitert und mit größerer Gleichheit gestaltet hatten. In Schweden durften hingegen bis zum Ersten

Weltkrieg nur die 20 Prozent der vermögendsten Männer wählen. Das System war aber noch exklusiver, denn von diesen reichsten 20 Prozent konnten Einzelne je nach Grad ihres Reichtums zwischen einem und hundert Stimmrechten haben. Je reicher man war, desto mehr Stimmen hatte man. Und es ging noch weiter: Bei Parlamentswahlen gab es eine Obergrenze von hundert Stimmen pro Person, bei Kommunalwahlen jedoch nicht! In mehreren Dutzend schwedischen Gemeinden vereinigte somit ein einziger Wähler mehr als die Hälfte der Stimmrechte auf sich, was ihn zu einem demokratisch legitimierten Diktator machte. Der Premierminister war übrigens fast immer ein Aristokrat, der in seiner Gemeinde mehr als 50 Prozent der Stimmrechte besaß.

Bis zum Ersten Weltkrieg waren auch Unternehmen und juristische Personen wahlberechtigt, und zwar im Verhältnis ihres in der Gemeinde investierten Kapitals und der Höhe ihrer Einkünfte. Das hätten die multinationalen Konzerne von heute wohl gern. Manchmal finden sie zwar andere Wege, um das gleiche Ergebnis zu erzielen, aber allein die Tatsache, dass sie sich nicht trauen, ein eigenes Wahlrecht einzufordern, zeigt eine deutliche Veränderung.

Das schwedische politische System vor dem Ersten Weltkrieg zeigt, wie einfallsreich die herrschenden Gruppen einer Gesellschaft sein können, wenn Rechte so strukturiert werden sollen, dass sie ihre Macht behalten. Damit wird aber auch klar, dass es keinen nationalen oder kulturellen Determinismus für das Ausmaß der Ungleichheit gibt, denn Schweden würde sich in der Folge sehr rasch verändern.

Im frühen 20. Jahrhundert traf dieses politische System des sakralisierten Eigentums auf eine Arbeiterklasse, die unter anderem aus historischen und religiösen Gründen im Vergleich zu anderen europäischen Ländern eine hohe Alphabetisierungsrate aufwies. Die schwedischen Gewerkschaften und die junge Sozialdemokratische Partei waren überzeugt: Die Eigentümer haben es zu weit getrieben, und es muss eine Umverteilung geben. Durch eine massenhafte Mobilisierung wurde 1920 das allgemeine Wahlrecht erreicht, und nachdem die Sozialdemokratische Partei 1932 an die Regierung gekommen war, lenkte sie bis in die 2000er-Jahre fast ohne Unterbrechung die Geschicke des Landes.

Seitdem ist es komplizierter geworden. Schweden prescht längst nicht mehr voran, weder in Steuerfragen – was zum Teil an der fehlenden internationalen Kooperation liegt – noch insgesamt bei der Überwindung des Kapitalismus. Zwischen 1930 und 1980 aber stellten die Sozialdemokraten den Staat in den Dienst eines politischen Projekts, das sich grundlegend vom vorangegangenen unterschied. Sie nutzten die bestehenden Einkommens- und Vermögensregister nicht mehr, um Stimmrechte zu gewichten, sondern um progressive Steuern zu erheben. So konnten sie Zugang zu Bildung und Gesundheit schaffen, zwar nicht auf perfekte Weise, aber doch ganz anders als früher. Das Maß an Gleichheit war höher als überall sonst. Der Wandel verlief in wenigen Jahrzehnten relativ friedlich, wenn er auch von äußerst starken sozialen und politischen Bewegungen begleitet wurde.

An diesem Fallbeispiel zeigt sich, dass kein Land von Natur aus inegalitär oder egalitär ist. Es kommt darauf an, wer den Staat mit welchem Ziel kontrolliert. Die Geschichte Schwedens lässt jede deterministische Interpretation abwegig erscheinen.

Der Aufstieg des Sozialstaats am Beispiel der Bildungsausgaben

In Europa lässt sich die Entwicklung zu mehr Gleichheit im 20. Jahrhundert besonders gut durch den aufsteigenden Sozialstaat erklären. Die Gegebenheiten in den einzelnen Staaten unterscheiden sich, doch in West- und Nordeuropa (Großbritannien, Frankreich, Deutschland, Schweden) ist ein recht einheitlicher Trend zu beobachten. Bis zum Ersten Weltkrieg erhob der Staat weniger als 10 Prozent des Nationaleinkommens in Steuern und nutzte diese Mittel hauptsächlich zur Sicherung der öffentlichen Ordnung, zum Schutz des Eigentums, für Polizei und Justiz sowie für äußere Angelegenheiten im Zuge der kolonialen Expansion. Alle nicht hoheitlichen Ausgaben wurden auf ein Minimum beschränkt. Nach 1918 kam es zu deutlich höheren Steuereinnahmen. Seit 30 Jahren liegen sie in den genannten vier europäischen Ländern bei etwa 45 Prozent des Nationaleinkommens (Abb. 9).

Bildung ist wohl einer der wichtigsten Faktoren für die Egalisierung. Innerhalb eines Jahrhunderts haben sich die

Abbildung 9 **Der Aufstieg des Sozialstaats in Europa, 1870–2020**

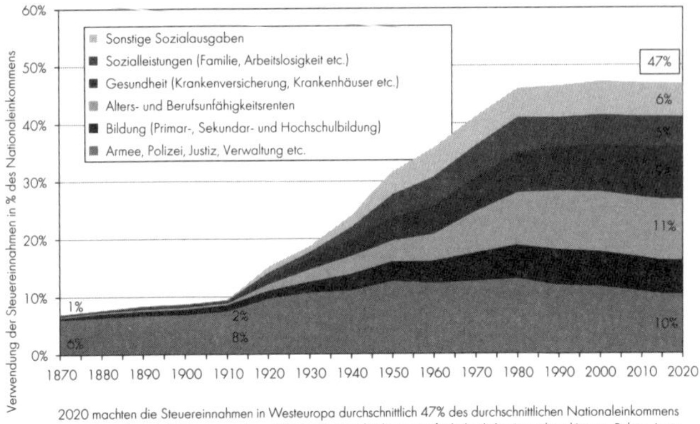

2020 machten die Steuereinnahmen in Westeuropa durchschnittlich 47% des durchschnittlichen Nationaleinkommens aus und wurden wie folgt ausgegeben: 10% des Nationaleinkommens für hoheitliche Ausgaben (Armee, Polizei, Justiz, allgemeine Verwaltung, Basisinfrastruktur: Straßen etc.); 6% für Bildung; 11% für Renten; 9% für Gesundheit; 5% für Sozialleistungen (außer Renten); 6% für sonstige Sozialausgaben (Wohnen usw.). Vor 1914 wurde für die hoheitlichen Ausgaben nahezu das gesamte Steueraufkommen aufgewendet.
Anmerkung: Dargestellt sind die Durchschnittswerte für Deutschland-Frankreich-Großbritannien-Schweden.
Quellen und Reihen: Siehe piketty.pse.ens.fr/egalite

staatlichen Bildungsausgaben im Verhältnis zum Nationaleinkommen verzehnfacht. Vor dem Ersten Weltkrieg beliefen sie sich auf weniger als 0,5 Prozent des Nationaleinkommens: Das System wies starre Klassengrenzen auf, nur eine winzige Minderheit der Kinder konnte über die Primarstufe hinaus die Schule besuchen. Die Volksschule selbst war im Vergleich zur Sekundar- und Hochschulstufe sehr schlecht ausgestattet. Heute liegen die durchschnittlichen Bildungsausgaben dieser Länder bei 6 Prozent des Nationaleinkommens.

Das hat zu individueller Emanzipation, zu Egalisierung und Wohlstand beigetragen. Die Ungleichheit wurde verringert, die Produktivität und der Lebensstandard gesteigert.

Manchmal vergessen wir diese Entwicklung, weil wir uns so sehr daran gewöhnt haben, doch es gibt einen wesentlichen Zusammenhang zum oben beschriebenen begrenzten, aber echten Marsch zu mehr Gleichheit. Seit den 1980er- und 1990er-Jahren stagnieren die Bildungsausgaben allerdings. Das ist befremdlich, denn von den 1980er-Jahren bis heute ist der Anteil derjenigen, die in einer Alterskohorte Hochschulbildung genießen, von knapp 20 auf 60 Prozent gestiegen. Die Pro-Kopf-Investitionen sind also gesunken. In Frankreich lässt sich dieser Trend leider schon seit 15 Jahren beobachten, insbesondere in den besonders schlecht finanzierten Universitätsstudiengängen.

Diese befremdliche und vom Jahrhunderttrend abweichende Entwicklung geht auf eine seit den 1980er- und 1990er-Jahren herrschende politische Ideologie zurück, wonach Staatsausgaben und Steuern unbedingt in einem fixen Verhältnis zum Nationaleinkommen stehen müssen. Steigt der Anteil der Gesundheits- und Rentenausgaben – zwar nicht im Verhältnis zum Bedarf, aber immerhin ein wenig –, so werden andere Ausgaben gekürzt, langfristig auch im Bereich der Bildung. Ein größerer Sozialstaat könnte diese Widersprüche auflösen, aber dafür bräuchte es national und international mehr Steuergerechtigkeit und progressivere Abgaben.

Bei der Verteilung der Bildungsinvestitionen war zwar eine Entwicklung zu mehr Gleichheit zu beobachten, doch sollte auch dies nicht idealisiert werden. Werfen wir einen Blick auf die Ungleichheit der Bildungsinvestitionen in Frankreich

(Abb. 10). Diese Daten beziehen sich auf Personen, die im Jahr 2020 20 Jahre alt waren; sie umfassen also auch diejenigen, die momentan ihr Studium abschließen. In der Grafik wurden alle im Jahr 2000 in Frankreich geborenen Personen nach Bildungsausgaben geordnet, die sie vom Kindergarten bis zur Hochschule erhalten haben. Die meisten staatlichen Bildungsausgaben in der Größenordnung von 250 000 oder 300 000 Euro pro Kopf erhalten im Verlauf ihrer Bildungslaufbahn demnach diejenigen, die lange, gut finanzierte Bildungswege einschlagen, typischerweise in den elitären Vorbereitungsklassen und Hochschulen, den Grandes Écoles. Ganz unten in der Grafik befinden sich Personen, die die Schule mit 16 oder 17 Jahren verlassen: Sie erhalten nur die Ausgaben für die Primar- und Sekundarstufe. In der Mitte befinden sich die schlecht ausgestatteten Universitätsstudiengänge, etwa die Bachelorstudiengänge der Geisteswissenschaften.

Am unteren Ende der Skala werden pro Kopf etwa 65 000 bis 70 000 Euro, ganz oben hingegen 250 000 oder 300 000 Euro ausgegeben, in der Mitte sind es etwa 100 000 Euro. So entsteht eine Lücke von 200 000 Euro Staatsausgaben zwischen dem unteren und dem oberen Ende. Es führt kein Weg daran vorbei: Wer hier das meiste Geld erhält, hat tendenziell einen besseren sozialen Hintergrund als die anderen. Die Staatsausgaben stärken die ursprünglichen Ungleichheiten also noch einmal beträchtlich. Die Differenz von 200 000 Euro liegt in der Größenordnung des durchschnittlichen Erbes: Die besonders privilegierten Bevölkerungsgrup-

Abbildung 10 **Ungleichheit der Bildungsinvestitionen in Frankreich**

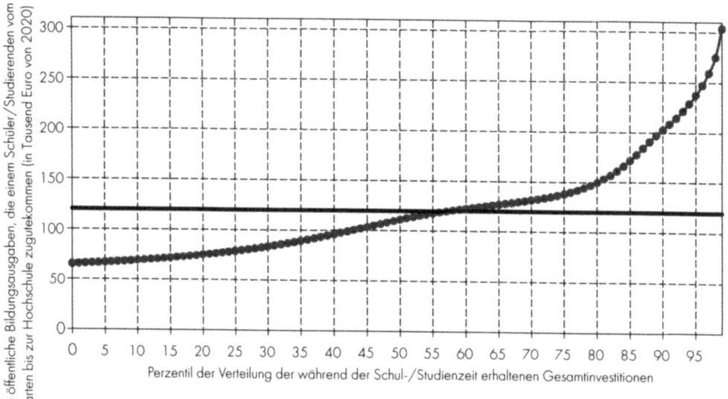

Abbildung 10: Die öffentlichen Bildungsausgaben, die Schülern/Studierenden der Generation, die im Jahr 2020 20 Jahre alt geworden ist, während der gesamten Schul- und Studienzeit (vom Kindergarten bis zur Hochschule) zugutekamen, beliefen sich im Durchschnitt auf rund 120 000 Euro (etwa 15 Schul- und Studienjahre bei durchschnittlichen Kosten von 8000 Euro pro Jahr). In dieser Generation haben die 10% der Schüler, die von der öffentlichen Bildungsförderung am wenigsten profitiert haben, etwa 65 000 Euro bis 70 000 Euro, die 10% dagegen, die von der öffentlichen Bildungsförderung am meisten profitiert haben, zwischen 200 000 Euro und 300 000 Euro erhalten.
Anmerkung: Die Durchschnittskosten im französischen Bildungssystem lagen 2015–2020 bei 5000–6000 Euro in Kindergarten, Vor- und Grundschule, bei 8000–10 000 Euro in der Sekundarstufe, bei 9000–10 000 Euro an der Hochschule und bei 15 000–16 000 Euro in den Vorbereitungsklassen für die Grandes Écoles.
Quellen und Reihen: Siehe piketty.pse.ens.fr/egalite

pen erhalten gleichsam ein zusätzliches Durchschnittserbe von der öffentlichen Hand.

Die Ausdehnung des Bildungssektors ist also eine langfristige Realität, dabei sind jedoch zwei Einschränkungen zu nennen: Nach wie vor ist die Ungleichheit enorm, und die Ausgaben sind im Vergleich zu früher gesunken. Ich komme immer wieder auf diese kontraintuitive Tatsache zurück: Unsere Gesellschaften sind extrem ungleich, und doch haben politische Kämpfe und historische Entwicklungen für mehr Gleichheit gesorgt. Was ich bei der Einkommens- und Vermögensverteilung gezeigt habe, gilt auch für die Verteilung der Bildungsausgaben (Abb. 11). Die 10 Prozent einer Altersgruppe, die von den höchsten Bildungsausgaben profitieren, erhalten heute bloß 20 Prozent der gesamten Bildungsausgaben. Das ist aber immer noch sehr viel, denn die unteren 50 Prozent erhalten nur rund 35 Prozent. Die Kurve erscheint zwar egalitär, in Wirklichkeit ist sie aber extrem ungleich, weil auf die 10 Prozent, die die meisten Zuwendungen erhalten, nur zwei Fünftel weniger entfallen als auf die 50 Prozent mit den geringsten Zuwendungen, obwohl diese zahlenmäßig fünfmal so viele sind. Die Pro-Kopf-Ausgaben sind also etwa dreimal so hoch.

Die Situation erscheint heute nur deshalb egalitärer als 1910, weil das System früher noch ungleicher war. Mit Ausnahme sehr bürgerlicher Kreise erreichten die meisten sozialen Schichten gerade einmal einen Primarstufenabschluss; und die Gehälter von Universitätsprofessoren, bei denen die bürgerlichen Klassen studierten, waren mit denen der Volksschullehrer nicht vergleichbar. Die Klassenunterschiede im Bildungswesen waren viel stärker ausgeprägt als heute.

In kolonisierten Gesellschaften waren die Klassendifferenzen im Bildungsbereich sogar noch größer. Die oberen 10 Prozent im Algerien des Jahres 1950 waren Kinder von Siedlern, die etwas mehr als 10 Prozent der Bevölkerung ausmachten; die »Muslime Algeriens«, wie es damals hieß, stellten die übrigen 90 Prozent der Bevölkerung. Das System war völlig segregiert, wie es bis in die 1960er-Jahre auch in den Südstaaten der USA der Fall war, wo es unter anderem Schulen für

Abbildung 11 **Kolonien den Kolonialherren: Ungleichheit der Bildungsinvestitionen in historischer Perspektive**

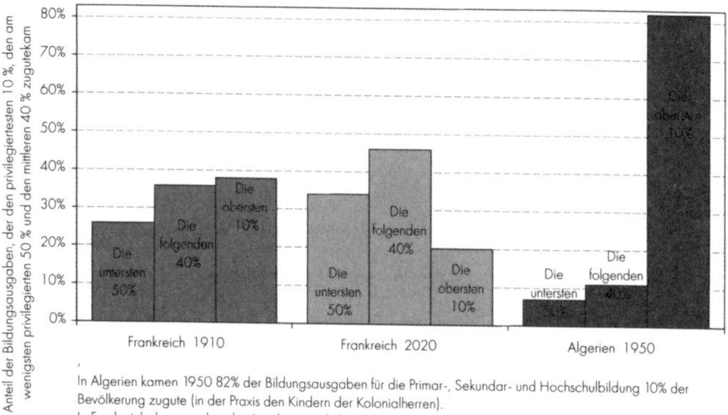

In Algerien kamen 1950 82% der Bildungsausgaben für die Primar-, Sekundar- und Hochschulbildung 10% der Bevölkerung zugute (in der Praxis den Kindern der Kolonialherren).
In Frankreich dagegen lag der Anteil an sämtlichen Bildungsausgaben, der den 10% zugutekam, die am meisten von ihnen profitierten, 1910 bei 38% und 2020 bei 20% (was immer noch zweimal mehr ist als ihr Anteil an der Bevölkerungszahl).
Quellen und Reihen: Siehe piketty.pse.ens.fr/egalite

Weiße und Schulen für Schwarze gab. In Algerien gab es entsprechend Schulen für Siedlerkinder und für Kinder algerischer Muslime. Wenn man die damaligen Staatsausgaben untersucht – und ich stütze mich hier auf eine faszinierende Arbeit von Denis Cogneau, einem meiner Kollegen an der Pariser Hochschule für Sozialwissenschaften (EHESS), über die Geschichte der Kolonialhaushalte –, stellt sich heraus, dass 80 Prozent des gesamten Bildungsetats an die Siedlerkinder gingen, obwohl sie nur 10 Prozent der Schulkinder ausmachten. Außerdem waren diese Ausgaben steuerfinanziert und stammten somit hauptsächlich von der kolonisierten Bevölkerung, da es sich primär um indirekte Steuern handelte. Der Staat ließ also die gesamte Bevölkerung, insbesondere die

Kolonisierten, Steuern zahlen und finanzierte damit ein System, das hauptsächlich den Kindern der Kolonisten zugutekam.

Unser heutiges Bildungssystem ist im Vergleich zu kolonialen Kontexten oder dem Frankreich von 1910 offener und egalitärer. Die langfristige Entwicklung zu mehr Gleichheit ist allerdings nicht vollendet. Wir könnten uns andere Ziele für die Verteilung der Bildungsinvestitionen setzen, abseits von den großen abstrakten Diskursen. Eine Norm der sozialen Gerechtigkeit muss den Bürgern auch Instrumente an die Hand geben, damit sie selbst entscheiden und Maßnahmen überprüfen können. Bei der Frage der Steuergerechtigkeit konnten wir nach langer Zeit ein System entwickeln, das die zugrunde liegende Norm der Steuergerechtigkeit mit Begriffen des Einkommens, Kapitals, Steuersatzes und Steuertarifs überprüfbar macht. Beim Bildungswesen unterliegen die Systeme vielfältigen Kriterien, und es wird nicht wirklich überprüft, was geschieht. In der Praxis kommt es dann zu den genannten Ergebnissen. Vieles könnte verbessert werden.

Zu mehr Gleichberechtigung

Mein Ansatz stützt sich zunächst auf einen gleichberechtigten Zugang zu Gütern des Grundbedarfs: Bildung, Gesundheit, aber auch politische Teilhabe. Das Beispiel des schwedischen Wahlrechts habe ich bereits genannt, aber es bleibt natürlich nicht beim gleichen Wahlrecht: Auch das System der Wahlkampffinanzierung oder etwa der Medien könnte deutlich egalitärer sein. Ich denke insbesondere auch an wirtschaftsdemokratische Elemente, etwa die gleichberechtigte Teilhabe an der Entscheidungsfindung in den Unternehmen. Meiner Ansicht nach sollten Aktionäre höchstens 50 und ein einzelner Aktionär maximal 10 Prozent der Stimmrechte innehaben. Dann wären die Machtverhältnisse egalitärer, und gleichzeitig gäbe es in sehr kleinen Unternehmen die Möglichkeit, dass derjenige, der etwas Kapital für sein persönliches Projekt eingebracht hat, etwas mehr Stimmrechte hat als derjenige, der kein Kapital eingebracht hat und vielleicht selbst gerade sein eigenes persönliches Projekt aufbaut.

In diese Richtung gehen meine Gedanken zur wirtschaftlichen Gleichheit. Die Ergebnisse sind damit nicht völlig gleich. Schließlich gibt es vielfältige individuelle Bestrebungen: Unterschiedliche Menschen werden unterschiedliche Projekte verfolgen, und absolute Gleichheit gibt es nicht, weder bei den ausgeübten Berufen noch bei den Einkommen. Welche Einkommensunterschiede wären angesichts individueller, subjektiver Eigenschaften, der Wahl der Tätigkeit und der erforderlichen Anreize für eine umfassendere wirtschaftliche und soziale Organisation angemessen? Unterschiede mit Faktor 3 bis 5 sind mit diesen Zielen womöglich vereinbar. Unterschiede mit Faktor 50 werden wohl eher nicht gerechtfertigt sein. Das zeigt der Vergleich verschiedener historischer Erfahrungen.

Diese Größenordnungen scheinen mir ein tragbares Maß an Ungleichheit darzustellen, aber natürlich muss die Bevölkerung demokratisch darüber befinden. Also müssen die politischen Einflussmöglichkeiten egalitärer gestaltet werden. Davon sind wir weit entfernt.

Progressive Steuern

Nun möchte ich noch zwei weitere Punkte hervorheben, die ebenfalls mit Ungleichheit zu tun haben: die progressive Besteuerung und die Zerstörung der Natur.

Progressive Steuern sind äußerst bedeutsam. Es handelt sich um ein altes Thema. Die folgende Tabelle führt Modelle auf, die bereits im Frankreich des 18. Jahrhunderts diskutiert wurden: Graslin war ein Stadtplaner und Ökonom aus Nantes, Lacoste ein einfacher Bürger. Beide veröffentlichten Flugschriften, von denen es in der Revolutionszeit so einige gab. Ersterer schlug eine progressive Einkommensteuer vor, Letzterer eine progressive Erbschaftsteuer. Lacoste nannte sein Modell ein »nationales Erbrecht«. Damals setzten sich diese Systeme nicht durch, im 20. Jahrhundert wurden ähnliche Modelle in einigen Ländern eingeführt. Die Idee klingt einfach: Unterdurchschnittliche Einkommen oder Erbschaften unterliegen einem Steuersatz von 5 oder 6 Prozent, während für das Hundert- oder Tausendfache des

Vorschläge für progressive Steuer in Frankreich im 18. Jahrhundert

Graslin: Progressive Einkommensteuer *(Essay analytique sur la richesse et l'impôt, 1767)*	
Vielfaches des Durchschnittseinkommens	Effektiver Steuersatz
0,5	5%
20	15%
200	50%
1300	75%

Lacoste: Progressive Erbschaftsteuer *(Du droit national d'hérédité, 1792)*	
Vielfaches des Durchschnittseinkommens	Effektiver Steuersatz
0,3	6%
8	14%
500	40%
1500	67%

Tabelle 1: Die von Graslin 1767 vorgeschlagene Einkommensteuer sieht einen allmählichen Anstieg von 5% bei einem Einkommen von 150 Livre Tournois (etwa die Hälfte des damaligen Durchschnittseinkommens pro Erwachsenem) auf 75% bei einem Einkommen von 400 000 Livres vor (etwa das 1300-Fache des Durchschnittseinkommens). Eine vergleichbare Progression findet sich in der 1792 von Lacoste vorgeschlagenen progressiven Erbschaftsteuer.
Quellen und Reihen: Siehe piketty.pse.ens.fr/egalite

Durchschnitts Steuersätze von 60, 70 oder 80 Prozent vorgesehen sind.

Ende 1792 und Anfang 1793 wurde ein progressives Steuersystem eingeführt, um die Revolutionskriege zu finanzieren, aber das Experiment fand recht bald wieder ein Ende. Nach der Französischen Revolution setzte sich ein absolut proportionales Steuersystem durch. Auch die Erbschaftsbesteuerung war streng proportional: Im ganzen 19. Jahrhundert wurden Vermögensnachfolgen von Eltern auf Kinder mit 0,5 Prozent besteuert, 1000 Francs ebenso wie eine Million Francs. Umverteilung wurde nicht einmal versucht.

Im Jahr 1901 wurde die Erbschaftsteuer dann progressiv ausgestaltet. Der Spitzensteuersatz betrug 2,5 Prozent. Um das Gesetz von 1910 zur Einführung der Renten zu finanzieren, stieg er auf 5 bis 6 Prozent. Doch erst nach dem Ersten Weltkrieg war eine erhebliche Entwicklung zur progressiven Besteuerung zu beobachten (Abb. 12 und 13). Der Spitzeneinkommensteuersatz lag in Frankreich bis 1914 bei null, weil es keine Einkommensteuer gab.

Mit dem Ersten Weltkrieg änderten sich die Verhältnisse rasch, insbesondere ab Ende der 1910er-Jahre in den USA. Dort gestaltete sich die Einführung einer Einkommensteuer sehr kompliziert, weil 1913 erst die Verfassung geändert werden musste. Der Wunsch nach Steuergerechtigkeit in der Bevölkerung war damals jedoch sehr groß. Amerika war besessen davon, nicht so ungleich, so oligarchisch und so plutokratisch zu werden wie Europa. Der »Alte Kontinent« galt als unvorstellbar ungleich, sodass die Leitidee auch recht konservativer Ökonomen lautete: Die größte Gefahr für das Land bestehe darin, so ungleich wie Europa zu werden. Dies würde das demokratische System gänzlich zerstören.

Ab dem späten 19. und frühen 20. Jahrhundert beschäftigten sich die USA daher intensiv mit dem Thema, und als die Einkommensteuer durch die Verfassungsänderung von 1913 möglich wurde, kam sie auch gleich zum Einsatz. Bereits in den frühen 1920er-Jahren ging es los, und mit Franklin D. Roosevelts Wahl zum US-Präsidenten im Jahr 1932 wurde das Instrument weiter ausgedehnt. Von 1932 bis 1980, also ein halbes Jahrhundert lang, lag der Spitzensteuersatz in den USA durchschnittlich bei 80 Prozent und betrug unter Roosevelt bisweilen, je nach Quelle, 91 oder sogar 94 Prozent. Diese Steuersätze beziehen sich nur auf die Einkommensteuer des Bundes: Hinzu kamen die Steuern der Bundesstaaten, die 5, 10 oder 15 Prozent betragen konnten.

Abbildung 12 **Die Erfindung der Steuerprogression: Der Spitzensatz der Einkommensteuer, 1900–2020**

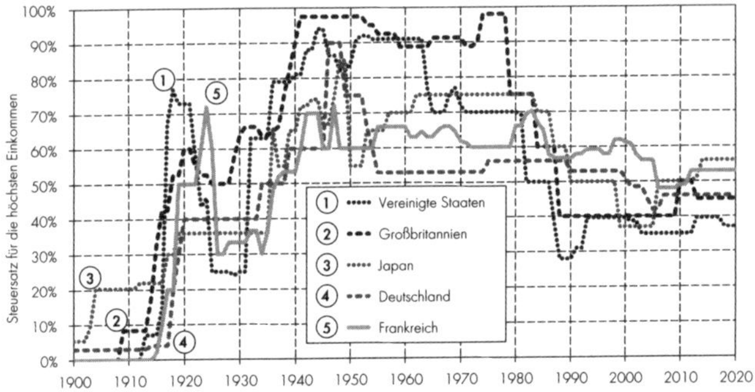

Der Steuersatz für die höchsten Einkommen lag in den Vereinigten Staaten von 1900 bis 1932 im Durchschnitt bei 23%, von 1932 bis 1980 bei 81% und von 1980 bis 2020 bei 39%. In demselben Zeitraum lag der Spitzensatz in Großbritannien bei 30%, 89% und 46%, in Japan bei 26%, 68% und 53%, in Deutschland bei 18%, 58% und 50% und in Frankreich bei 23%, 60% und 57%. Der Höhepunkt der Steuerprogression wurde Mitte des Jahrhunderts erreicht, insbesondere in den Vereinigten Staaten und Großbritannien.
Quellen und Reihen: Siehe piketty.pse.ens.fr/egalite

Der US-Kapitalismus wurde dadurch nicht nur nicht abgeschafft – dafür hätte ein halbes Jahrhundert wohl genügt –, sondern das Land erreichte in diesem Zeitraum den größten Wohlstand und die größte globale wirtschaftliche Dominanz. Warum? Ganz einfach, weil Einkommensunterschiede mit Faktor 50 oder 100 nicht viel nützen. Vollständige Gleichheit erscheint mir auch nicht erstrebenswert: Unterschiede mit Faktor 5 oder 10 sind vielleicht notwendig. Die mir vorliegenden Daten legen nahe, dass die optimale Differenz bei Faktor 5 liegt. Für Unterschiede mit Faktor 50 oder 100 gibt es keine Rechtfertigung, wenn man die verschiedenen Gesellschaften vergleicht, von denen wir Daten haben. In den USA beein-

Abbildung 13 **Die Erfindung der Steuerprogression: Der Spitzensatz der Erbschaftsteuer, 1900–2020**

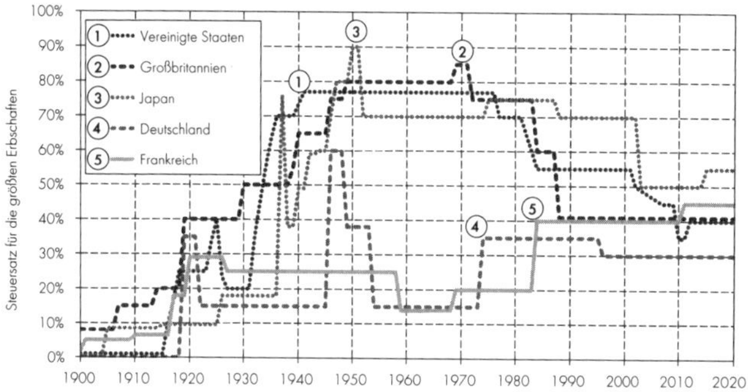

Der Steuersatz für die höchsten Erbschaften lag in den Vereinigten Staaten von 1900 bis 1932 im Durchschnitt bei 12%, von 1932 bis 1980 bei 75% und von 1980 bis 2020 bei 50%. In demselben Zeitraum lag der Spitzensatz in Großbritannien bei 25%, 72% und 46%, in Japan bei 9%, 64 % und 63%, in Deutschland bei 8%, 23% und 32% und in Frankreich bei 15%, 22% und 39%. Der Höhepunkt der Steuerprogression wurde Mitte des Jahrhunderts erreicht, namentlich in den Vereinigten Staaten und Großbritannien.
Quellen und Reihen: Siehe piketty.pse.ens.fr/egalite

trächtigte der starke Rückgang dieser Abweichungen durch die progressive Besteuerung weder das Wirtschaftswachstum noch die Innovation (Abb. 14).

Der eigentliche Wohlstandsfaktor ist die Bildung. Bis Mitte des 20. Jahrhunderts hatten die USA einen erheblichen Bildungsvorsprung gegenüber den übrigen westlichen Ländern. In den 1950er-Jahren waren in den Vereinigten Staaten 90 Prozent einer Altersgruppe in der Sekundarstufe, in Deutschland, Frankreich oder Japan hingegen nur 20 Prozent. In diesen Ländern dauerte es bis in die 1980er- und 1990er-Jahre, bis ein solcher fast universeller Zugang zur Sekundarstufe erreicht war. Der Produktivitätsvorsprung der

Abbildung 14 **Effektive Steuersätze und Progression in den Vereinigten Staaten, 1910–2020**

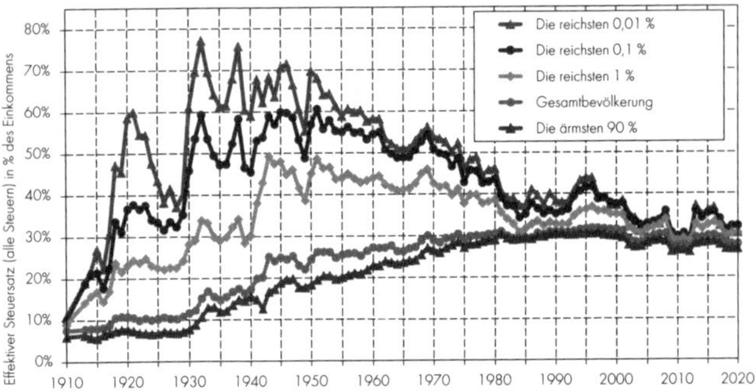

Abbildung 14: Von 1915 bis 1980 war das Steuersystem in den Vereinigten Staaten insofern stark progressiv, als die effektiven Steuersätze für die höchsten Einkommen (alle Steuern zusammengenommen und in % des Gesamteinkommens vor Steuern) deutlich über dem für die Gesamtbevölkerung (und namentlich die 90% der niedrigsten Einkommen) geltenden Durchschnittssteuersatz war. Seit 1980 ist das Steuersystem schwach progressiv mit geringen Unterschieden zwischen den effektiven Steuersätzen.
Quellen und Reihen: Siehe piketty.pse.ens.fr/egalite

USA, insbesondere im Industriesektor, ergibt sich aus diesem Bildungsvorsprung.

Doch in den 1980er-Jahren errang der Republikaner Ronald Reagan die Präsidentschaft, und nun herrschte in der US-Regierung ein anderer Wind. Reagan nahm unter anderem die Niederlage in Vietnam und das Scheitern seines Vorgängers, des Demokraten Jimmy Carter, in der Irankrise zum Anlass, um Roosevelts Politik zu revidieren. Seiner Meinung nach war das Land zu weit gegangen und beinahe kommunistisch geworden. Das US-Unternehmertum müsse wiederbelebt werden, und die Steuersätze sollten auf bis zu 28 Prozent fallen. Die Steuerreform von 1986 war Reaganismus in Reinform. Seither wurde das vorherige Niveau nie wieder erreicht.

Dieser fiskalische Umsturz sollte das Wachstum in den USA ankurbeln: Tatsächlich aber halbierte es sich, wenn man den Zeitraum 1990 bis 2020 mit dem Zeitraum 1950 bis 1990 vergleicht. Die Steuersenkung erreichte offensichtlich nicht das gewünschte Ziel, und doch befinden wir uns noch immer in derselben politisch-ideologischen Phase, woran das System der Parteien- und Medienfinanzierung natürlich nicht ganz unschuldig ist.

Die progressive Besteuerung durchlebte im 20. Jahrhundert also eine ereignisreiche Geschichte. Das System spielte von 1914 bis 1980 eine wichtige Rolle, um den allgemeinen Anstieg der Steuerlast akzeptabel zu machen. Es war nicht möglich, zur Finanzierung des Sozialstaats nur das reichste Prozent der Bevölkerung zu besteuern. Damit der Rest der Bevölkerung die Vergemeinschaftlichung eines immer größeren Teils des Reichtums für Bildungs- und Gesundheitszwecke akzeptieren konnte, mussten die Mittel- und Unterschichten jedoch die Gewissheit haben, dass die Reichsten mindestens genauso viel zahlten wie sie. Aus dieser Perspektive war das Aufkommen der progressiven Besteuerung ein entscheidender Faktor für den Sozialstaat, ein Steuervertrag, der diese höhere Besteuerung hinnehmbar machte.

Heute führt die gegenteilige Entwicklung zu einigen Problemen. Die Mittel- und Unterschicht kann den Eindruck bekommen – und es ist im Übrigen mehr als ein bloßer Eindruck –, dass sich die Reichsten der Besteuerung weitestgehend entziehen, weil sie zahlreiche Schlupflöcher und Steueroptimierungen nutzen, die ihren theoretischen Steuersatz senken.

Ähnlich verhält es sich bei der Erbschaftsteuer (Abb. 13). Es ist auffällig, wie hoch die USA, Großbritannien und Japan Mitte des 20. Jahrhunderts den Spitzensteuersatz ansetzten, im Gegensatz etwa zu Frankreich oder Deutschland. Ein Grund dafür könnte sein, dass in diesen beiden Ländern eine Vermögensumverteilung durch Krieg, Zerstörung und Inflation erfolgte. Deutschland hatte nur für einen kurzen Zeitraum eine hohe Erbschaftsteuer (und auch eine hohe Einkommensteuer), und zwar in den Jahren unmittelbar nach dem Zweiten Weltkrieg. In dieser Zeit bestimmte jedoch der Alliierte Kontrollrat die deutsche Steuerpolitik. Damit sollten aber keineswegs die deutschen Eliten bestraft werden, denn in den USA galt das Gleiche. Aus der damaligen Sicht der USA gehörte es vielmehr zum »Zivilisationspaket«: Die demokratischen Institutionen wurden gemeinsam mit den fiskalischen Institutionen exportiert, um zu verhindern, dass die Demokratie zu einer Plutokratie werden würde. Wie exotisch das heute klingt! Dabei ist es noch gar nicht so lange her, und wir müssen uns diese Geschichte wieder vor Augen führen, um eine Vorstellung von den Möglichkeiten in diesem Bereich zu bekommen.

Ein letzter Punkt ist beim historischen Rückgang der Ungleichheit im 20. Jahrhundert noch bedeutsam. Daher gehe ich nun auf den Schwund der internationalen Vermögenswerte ein, insbesondere den Verlust der Kolonialvermögen (Abb. 15). Das betrifft primär Großbritannien und Frankreich: Verglichen mit dem Rest der Welt durchlebten beide Länder bis 1913 eine Phase der enormen Vermögensakkumulation. Vermögenswerte umfassten unter anderem Anteile am Suezkanal, an Eisenbahnen in Russland und Argentinien sowie Staatsschulden von Haiti, Marokko, China und dem Osmanischen Reich, die militärischen Tributen gleichkamen. Die Vermögenden besaßen Forderungen, die insgesamt mehr als ein französisches Jahresnationaleinkommen ausmachten und fast zwei britische. Daraus ergaben sich 5 Prozent des französischen und fast 10 Prozent des britischen Nationaleinkommens in Form von Zinsen, Dividenden oder Mieten. Allein in Frankreich entsprach dies der Industrieproduktion des gesamten Nordostens des Landes und glich ein strukturelles Handelsdefizit aus. Zwischen 1880 und 1914 betrug das Handelsdefizit 2 bis 3 Prozent, dem standen jedoch 5 bis 10 Prozent des Nationaleinkommens in Form von Einkünften und Kapital aus dem Rest der Welt entgegen. Dadurch war das Defizit nicht nur ausgeglichen, sondern die übrige Welt konnte weiter aufgekauft werden. Das ist so, als würde Ihr Wohnungsvermieter Ihre Miete dazu verwenden, das restliche Haus zu erwerben.

Diese Zustände waren von Gewalt geprägt und ließen sich nur in kolonialen und militärischen Herrschaftsbeziehungen aufrechterhalten. Mit dem Ersten Weltkrieg brach dieses Sys-

Abbildung 15 **Auslandsvermögen in historischer Perspektive: Der Gipfelpunkt der französisch-britischen Kolonialherrschaft**

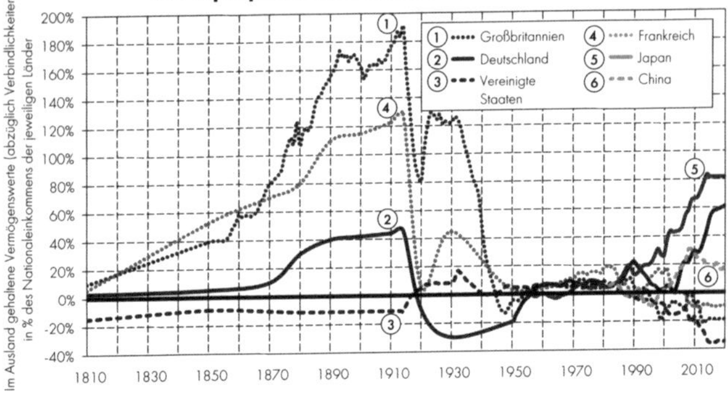

Abbildung 15: Die Nettoauslandsvermögen, das heißt die Differenz zwischen den im Ausland von Eigentümern mit Wohnsitz im fraglichen Land (einschließlich der Regierung) gehaltenen Vermögenswerten und denen, die in diesem Land von Eigentümern aus der übrigen Welt gehalten werden, belief sich 1914 in Großbritannien auf 191% des Nationaleinkommens und in Frankreich auf 125%. 2020 lagen die Nettoauslandsvermögen in Japan bei 82%, in Deutschland bei 61% und in China bei 19%.
Quellen und Reihen: Siehe piketty.pse.ens.fr/egalite

tem zusammen. Verantwortlich dafür war einerseits die neue weltpolitische Lage, die unter anderem von Enteignungen, der Aufkündigung der russischen Staatsanleihen durch die Bolschewiki und die Verstaatlichung des Suezkanals geprägt war. Andererseits waren aber auch die Kriege sehr kostspielig: Französische und britische Grundbesitzer mussten einen Großteil ihrer ausländischen Forderungen veräußern, um dem Staat Kriegskredite einzuräumen, und die Kriege zerstörten den Rest ihres Industriekapitals. Zwischen 1914 und 1945 ist eine reichlich absurde Selbstzerstörung Europas zu beobachten.

Was tun mit den Schulden?

Das Eigentum an kolonialen und ausländischen Vermögenswerten vor 1914 wandelte sich nach 1945 in Staatsschulden. Diese beliefen sich auf 200 oder 300 Prozent des jeweiligen Nationaleinkommens, also noch mehr als heutzutage in Griechenland – mit dem Unterschied, dass damals Deutschland, Frankreich und Großbritannien betroffen waren, also Volkswirtschaften einer ganz anderen Größe. Daraus können wir lernen, dass Schulden rasch zu beseitigen und dann nicht mehr zurückzuzahlen sind. Die Schulden wurden auf unterschiedliche Weise beseitigt: durch einfachen Erlass und durch Inflation, was nicht unbedingt die beste Methode ist. Dafür sind Deutschland und Japan die interessantesten Beispiele (Abb. 16).

In Deutschland kam es in den 1920er-Jahren zu einer ersten Phase sehr hoher Inflation. Damit konnte sich das Land seiner Staatsschulden aus dem Ersten Weltkrieg entledigen. Diese Inflation zerstörte jedoch den gesellschaftlichen Zu-

Abbildung 16 **Staatsverschuldung: Zwischen Akkumulieren und Annullieren**

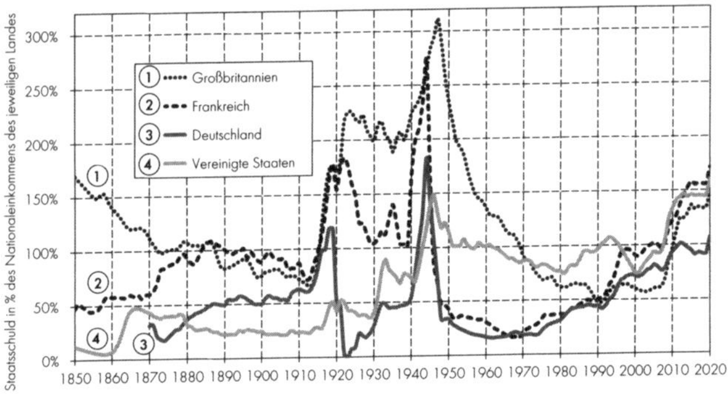

Die Staatsschulden sind im Gefolge der beiden Weltkriege stark gestiegen, um 1945–1950 zwischen 150 und 300% des Nationaleinkommens zu liegen und danach in Deutschland und Frankreich jäh (Schuldenerlasse, Sonderabgaben auf Privatvermögen, hohe Inflation), in Großbritannien und den Vereinigten Staaten langsamer zurückzugehen. Nach den Finanz- und Pandemiekrisen von 2008 und 2020 sind die Schulden erneut stark gestiegen.
Anmerkung: Nicht berücksichtigt sind hier die Schulden, die Deutschland 1919 durch den Versailler Vertrag auferlegt wurden, die mehr als 300% des damaligen Nationaleinkommens betrugen und deren Rückzahlung nie wirklich begonnen hat.
Quellen und Reihen: Siehe piketty.pse.ens.fr/egalite

sammenhalt und trug zum Aufstieg des Nationalsozialismus bei. Nach dem Zweiten Weltkrieg fanden die westdeutschen Besatzungszonen eine andere Lösung, um die Staatsschulden loszuwerden: Durch die Währungsreform wurde der Wert der alten Schulden durch 100 geteilt. Darauf folgten Sonderabgaben auf sehr hohe Vermögen, um die Verluste der kleinen und mittleren Vermögen auszugleichen. Der Steuersatz belief sich bei den höchsten Vermögen auf bis zu 50 Prozent. Diese Vermögensabgabe wurde mit dem Lastenausgleichsgesetz von 1952 verabschiedet und bis 1979 entrichtet.

Im deutschen ökonomischen Diskurs, der mit der Krise von 2007/08 einsetzte und wonach griechische Staatsschulden bis zum letzten Euro zurückgezahlt werden müssten, schien diese Vergangenheit vergessen … Es war wie so oft: Wenn es ihnen zupasskommt, haben die dominanten Akteure der Geschichte ein kurzes Gedächtnis. Ich denke aber, dass wir gegen diese Amnesie ankämpfen müssen. Wir müssen verstehen, dass die Probleme der Staatsverschuldung historisch auf unterschiedliche Weise gelöst wurden und es nicht die eine richtige Methode gibt. Wir könnten dabei sogar auf die Französische Revolution und den »Zwei-Drittel-Bankrott« zurückkommen.

Eine Staatsverschuldung, wie wir sie heute nach der Covid-Krise haben, ist nicht neu, erst recht nicht in der europäischen Geschichte. Die erste gute Nachricht ist, dass wir es immer geschafft haben. Die zweite gute Nachricht ist, dass es viele Lösungen gibt, wobei der Ausgleich und die Kosten fallweise sehr unterschiedlich verteilt sind. Hinter den Zahlen steht ein sozialer und politischer Konflikt: Wir sind nicht bei einem fernen Planeten verschuldet, sondern im Inland. Das Problem ist also politisch anzugehen. Ein Blick in die Geschichte zeigt die Bandbreite der Möglichkeiten auf und verdeutlicht, dass mehr Optionen bestehen, als bisweilen behauptet wird.

Ich möchte betonen, dass die Entwicklung des Sozialstaats nicht gleichbedeutend mit einer Umverteilung von Geld ist: Es handelt sich vor allem um eine Entmarktung. Die Etablierung von Bildungs-, Gesundheits- und Rentensystemen, eines öffentlichen Wohnungsbaus und anderer Infrastrukturen zeigt, dass die Wirtschaft stellenweise auch außerhalb einer marktwirtschaftlichen und kapitalistischen Logik funktioniert. Das klingt trivial, aber das Gesundheitswesen macht 10 Prozent des Nationaleinkommens aus. Das ist viel mehr, als etwa die Automobilindustrie erwirtschaftet, und Gesundheit wird in den meisten Ländern primär durch den Staat finanziert. Abseits vom Staat gibt es in diesem Sektor auch einige gewinnorientierte und gemeinnützige Organisationen oder Vereine. Das System ist sicher nicht optimal, aber im Vergleich zum hauptsächlich gewinnorientierten US-Gesundheitswesen tut sich das europäische positiv hervor. Das US-System ist teurer, und seine Resultate bei der Gesundheitsvorsorge sind im Vergleich mit Europa katastrophal.

Das System der staatlichen Finanzierung und Organisation unterliegt anderen Kriterien als denen des Profitstrebens. Im Bildungswesen ist das offensichtlich. In Chile hatte das Pinochet-Regime ein besonders stark gewinnorientiertes Bildungswesen einführen wollen, aber das war ein riesiger Misserfolg. Kapitalgesellschaften wie die US-amerikanische Trump University funktionieren auch nicht. Die privaten US-Bildungseinrichtungen machen keine Gewinne und zahlen keine Dividenden. Das bedeutet aber nicht, dass sie perfekt sind. Die Geldgeber üben erheblichen Einfluss aus und sorgen dafür, dass ihre Kinder bevorzugt zu diesen Eliteeinrichtungen zugelassen werden. Das ist bedauerlich. Doch auch wenn man noch so viel Geld an Stanford oder Harvard spendet, darf man nicht bis in alle Ewigkeit 50 Prozent der

Stimmrechte ausüben. Die Machtverhältnisse gestalten sich etwas anders als bei Aktiengesellschaften. Und im Bildungs- und Gesundheitswesen würde auch niemand ein rein gewinnorientiertes System fordern oder fördern. Warum? Weil wir aus unserer Geschichte gelernt haben, dass das Profitstreben oft intrinsische Anreize zerstört. Diese sind aber entscheidend dafür, dass Menschen andere unterrichten und pflegen.

Das gilt nicht nur für das Bildungs- und Gesundheitswesen, sondern auch für die Kultur und die Medien, wo das Profitstreben und private Kapitalbeteiligungen viele Probleme schaffen. Deshalb haben sich dort einige gemeinnützige Strukturen wie Stiftungen und Vereine herausgebildet. Diese Vorstöße sind alle nicht perfekt, aber Überlegungen in diese Richtung gibt es in so unterschiedlichen Bereichen wie Verkehr, Energie- und Wasserversorgung oder kommunalen Betrieben schon lange.

Dieser Entmarktungsprozess wird sich meines Erachtens langfristig fortsetzen, immer größere Sektoren betreffen und potenziell sogar fast die gesamte Wirtschaft des Landes ausmachen. Damit ginge eine Dezentralisierung mit Vereinsstrukturen und kommunalen Akteuren einher, die sich auf eine kollektive Finanzierung durch eine progressive Einkommen- und Vermögensteuer stützt, ebenso wie eine bessere Machtverteilung in den Unternehmen und im verbleibenden gewinnorientierten Sektor, wie ich sie oben bereits erwähnt habe. Vieles muss noch erdacht werden, entscheidend ist aber, dass es nicht nur um eine Umverteilung von Geld geht, sondern weit darüber hinaus. Eine solche Entmarktung ganzer Wirtschaftsbereiche wird nicht rückgängig zu machen sein.

Natur und Ungleichheit

Abschließend möchte ich die Zusammenhänge von Natur, Kultur und Ungleichheit anhand der Zerstörung der Natur, das heißt des natürlichen Kapitals, betrachten. Ich beziehe mich hier auf die Klimaerwärmung und die CO_2-Emissionen. Aber auch andere Dimensionen der Naturzerstörung wären zu nennen. Ich möchte darauf hinaus, dass die Frage der Ungleichheit und die Herausforderungen des Klima- und Umweltschutzes eng miteinander verknüpft sind.

Eine glaubwürdige Lösung für die Herausforderung der Erderwärmung ist ohne eine drastische Verringerung der Ungleichheit und ohne eine neue Entwicklungsstufe der Gleichheit nicht vorstellbar. Das liegt am erheblichen Nord-Süd-Gefälle zwischen den emittierenden Ländern und den ungleichen Emissionen innerhalb der Länder.

Die Grafik in Abbildung 17 zur Ungleichheit im internationalen Maßstab stammt aus meiner Forschung mit Lucas Chancel in unserem Labor der globalen Ungleichheit. Die

Verteilung der gesamten CO_2-Emissionsmasse ist dargestellt: Nordamerika, Europa und China befinden sich auf einem vergleichbaren Niveau. Doch die Bevölkerung ist unterschiedlich groß und die Verteilung der Emissionen ganz anders. Diese Daten sind zudem um den Import von Emissionen bereinigt. In der Regel werden nämlich nur Emissionen berücksichtigt, die in einem Territorium ausgestoßen werden. Alle Emissionen, die ins Ausland ausgelagert wurden und die mit dem Import der fabrizierten Güter verbraucht werden, fallen dabei unter den Tisch. Durch diese Bereinigung vermittelt die Grafik also ein etwas ausgewogeneres Bild.

Entscheidend sind jedoch die anderen Farben. Die grünen Balken stellen nicht die Verteilung der Gesamtemissionen dar, sondern die der sehr großen Emittenten, also der individuellen Emissionen, die mehr als das Neunfache des globalen Durchschnitts betragen. Der Durchschnitt für alle Menschen auf der Erde liegt bei etwa 6 Tonnen CO_2. Die grün dargestellten Emissionen entsprechen also mehr als 54 Tonnen pro Person. Global betrachtet emittiert allein das obere Prozent demnach mehr als die Hälfte der Weltbevölkerung, die am wenigsten CO_2 ausstößt. Mehr als 55 Prozent dieser Emissionen stammen aus Nordamerika, dann folgen Europa und China.

Die globale Verteilung der Verantwortung für CO_2-Emissionen ist wie gezeigt völlig asymmetrisch. Es wäre denkbar, dass einige Länder bei noch heftigeren Klimakatastrophen andere zur Rechenschaft ziehen und eventuell ihre Handels-

Abbildung 17 **Globale Verteilung der CO_2-Emissionen, 2010–2018**

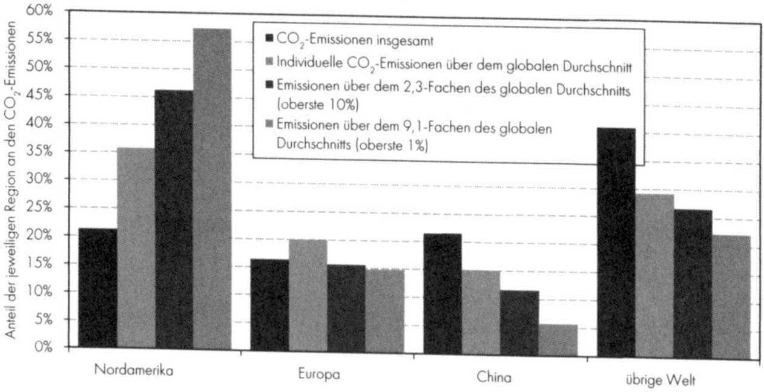

Der Anteil Nordamerikas (Vereinigte Staaten, Kanada) an den (direkten und indirekten) CO_2-Gesamtemissionen liegt zwischen 2010 und 2018 bei durchschnittlich 21%; die Region ist mit 36% an den individuellen CO_2-Emissionen über dem globalen Durchschnitt (6,2 t CO_2 pro Jahr) beteiligt, mit 46% an den Emissionen über dem 2,3-Fachen des globalen Durchschnitts (den obersten 10% der individuellen Emissionen, die 45% der Gesamtemissionen ausmachen) und mit 57% an den Emissionen über dem 9,1-Fachen des globalen Durchschnitts (den obersten 1% der individuellen Emissionen, die 14% der Gesamtemissionen ausmachen).
Quellen und Reihen: Siehe piketty.pse.ens.fr/egalite

beziehungen mit ihnen überdenken. Ich weiß nicht, wie groß die Katastrophe in einem solchen Fall sein müsste, aber aktuell herrscht eine enorme Asymmetrie.

Der zweite Punkt betrifft die Ungleichheit innerhalb eines Landes. Eine Grafik aus dem *Global Inequality Report 2022* (Abb. 18) zeigt die Pro-Kopf-CO_2-Emissionen in Tonnen nach der gleichen Verteilung wie bei Einkommen und Vermögen. Sie vergleicht die unteren 50 Prozent (die am wenigsten CO_2 ausstoßen) mit den oberen 10 Prozent und den mittleren 40 Prozent. In Europa liegen die 50 Prozent mit dem geringsten CO_2-Ausstoß – die in etwa den ärmsten 50 Prozent entsprechen – bei etwa 5 Tonnen. Um ein nachhaltiges

Niveau an CO_2-Emissionen zu erreichen, müsste dieser Ausstoß auf 2 oder 3 Tonnen reduziert werden. Diese Gruppe liegt also fast im Rahmen der offiziellen Ziele für 2030 und 2040. Die oberen 10 Prozent liegen hingegen bei 29, 30 oder 35 Tonnen pro Person. Allein das oberste Prozent stößt in Europa 60 bis 70 Tonnen aus. In den USA liegen die oberen 10 Prozent bereits bei über 70 Tonnen.

Eine Politik der Emissionssenkung, die die gesamte Bevölkerung im gleichen Maße anspricht, würde also unweigerlich auf Probleme stoßen. Es wird nämlich sehr schwierig sein, Menschen, die 4 oder 5 Tonnen ausstoßen, davon zu überzeugen, dass sie ihre Emissionen im gleichen Maße reduzieren wie Menschen, die bei 30 oder 70 Tonnen liegen. Wie soll eine Strategie der gleichmäßigen Energiepreissteigerung für alle auf allgemeine Zustimmung treffen? Im Gegenteil wird diese Politik in den kommenden Jahren und Jahrzehnten nur zu Aufruhr im Stil der Gelbwesten führen. Außerdem lassen diese Lösungen oftmals den Energieverbrauch der Reichsten (etwa Flugzeugkerosin) außen vor.

Es ist also unklar, wie die Herausforderungen anders bewältigt werden könnten als durch deutlich stärkere Einschränkungen für diejenigen, die am meisten CO_2 emittieren. Wir bräuchten ein System mit wirksamen Instrumenten, etwa einer progressiven CO_2-Karte. Daraus würde zwangsläufig auch eine drastische Verringerung der Einkommens- und Vermögensunterschiede folgen.

Abbildung 18 **Pro-Kopf-Emissionen nach Weltregionen, 2019**

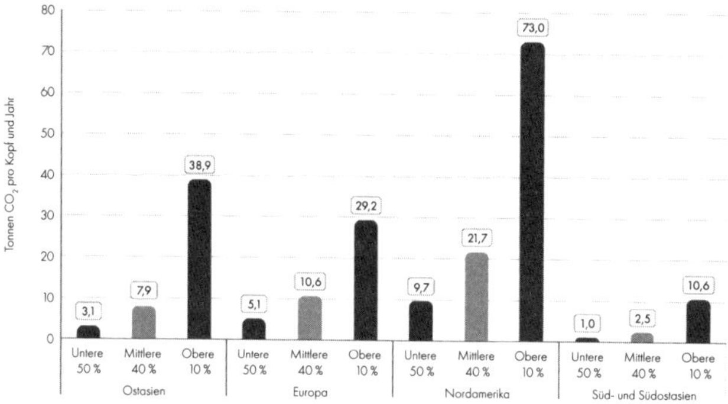

Der individuelle CO_2-Fußabdruck setzt sich aus den Emissionen zusammen, die durch den Inlandsverbrauch, öffentliche und private Investitionen sowie Nettoimporte von Waren und Dienstleistungen aus dem Rest der Welt entstehen. Diese modellhaften Schätzungen beruhen auf einer systematischen Kombination von Steuerdaten, Haushaltsbefragungen und Input-Output-Tabellen. Die Emissionen werden innerhalb der Haushalte zu gleichen Teilen auf die Einzelpersonen aufgeteilt.

Quellen: wir2022.wid.world/methodology und Chancel (2021)

Fazit

Da ich mit historischen Daten arbeite, fällt es mir schwer, die zukünftige Entwicklung vorherzusagen. Dennoch möchte ich zwei Hypothesen äußern.

Erstens: Wenn die Folgen des Klimawandels im individuellen Bereich viel konkreter zu spüren sind, könnten sich die Einstellungen zum Wirtschaftssystem rasch ändern, in Europa und auch im Rest der Welt.

Zweitens: Vielleicht konnte ich Sie davon überzeugen, dass die Geschichte der Ungleichheit kein langer, ruhiger Fluss ist. Viele Kämpfe wurden um Gleichheit geführt und gewonnen, viele Kämpfe können noch geführt werden. Es gibt eine langfristige, begrenzte, aber tatsächliche Entwicklung zur Gleichheit. Fragen von Ökonomie, Finanzen, Staatsschulden und Wohlstandsverteilung sind zu wichtig, um sie einem oft sehr konservativen Kreis von Ökonomen und Experten zu überlassen. Sie haben keinen vergleichenden Blick auf die Geschichte, sondern sehen nur einen kleinen Ausschnitt mit wenigen Einzellösungen. Andere Sozialwissenschaften wie Geschichte, Soziologie, Politikwissenschaft, Anthropologie und Ethnologie müssen sich wirtschaftlicher Forschungsgegenstände auch in ihren technischen Dimensionen annehmen und dazu Stellung beziehen. Diese Fragen sollten wir nicht anderen überlassen. Die Demokratisierung des ökonomischen und historischen Wissens kann, muss und sollte ein wichtiger Teil einer Demokratisierung der gesamten Gesellschaft und einer Bewegung für eine bessere Machtverteilung sein.

Literatur

Chancel, Lucas, »Climate change & the global inequality of carbon emissions, 1990–2020«, Summery October 2021, World Inequality Lab, Paris School of Economics, 22. Dezember 2021 (Erstveröffentlichung 18. Oktober 2021), https://wid.world/document/climate-change-the-global-inequality-of-carbon-emissions-1990-2020-world-inequality-lab-working-paper-2021-21/. Vgl. darin auf Seite 1 auch den Verweis auf eine aktuellere Version vom September 2022, auf: https://www.nature.com/articles/s41893-022-00955-z.

Chancel, Lucas; Thomas Piketty; Emmanuel Saez; Gabriel Zucman et al. (Hrsg.), *Rapport sur les inégalités mondiales 2022*, Paris, éditions du Seuil/World Inequality Lab, 2022.

Neef, Theresa und Anne-Sophie Robilliard, »Half the Sky? The Female Labor Income Share in a Global Perspective«, Working Paper No. 2021/22, World Inequality Lab, 20. Dezember 2021, https://wid.world/document/

half-the-sky-the-female-labor-income-share-in-a-global-perspective-world-inequality-lab-working-paper-2021-22/.

Piketty, Thomas, *Eine kurze Geschichte der Gleichheit*, aus dem Französischen von Stefan Lorenzer, München: C. H. Beck, 2022 [2021].

Piketty, Thomas, *Kapital und Ideologie*, aus dem Französischen von André Hansen, Enrico Heinemann, Stefan Lorenzer, Ursel Schäfer, Nastasja S. Dresler, München: C. H. Beck, 2020 [2019].

World Inequality Database: https://wid.world/

Vortragsfolien: http://piketty.pse.ens.fr/files/Piketty2022SE.pdf

Anmerkungen

1 Dieser Text ist die schriftliche Fassung eines Vortrags, den ich auf Einladung der Société d'ethnologie am 18. März 2022 im Musée du Quai Branly – Jacques Chirac gehalten habe.

2 In der WID.world-Datenbank lässt sich die Suche noch verfeinern. Hundertstelwerte (Perzentile) oder sogar Tausendstelwerte können einzeln betrachtet werden. Ich beschränke mich hier auf die gröbsten Indikatoren.